New
window
新視野197

親愛的女生

Dear Girls

關係是一場現形記，不論好與不好，都將讓妳看見自己

2

高寶書版集團

序 *Preface*
關係就是命運

　　我最愛用的手機內建表情符號是一個眼角帶淚的笑臉，它完美詮釋了「笑哭」，超傳神超好用的。想想挺奇怪，笑就笑，哭就哭，為什麼這兩種情緒會相連呢？不知道，神造人無處不是幽默，天曉得祂想表達什麼。

　　寫這本書的過程，我也是又哭又笑。因為我寫的是我的人生體會，而人生很煩，它折磨人沒在客氣的，有時禍從天降，有時愛不對人，有時則是冤親債主投胎成一家……，太幽默了，這時候多麼適合來一個眼角帶淚的笑臉符號！

　　最早的人類被猛獸追著跑，現代人則是被心魔與心碎追著跑，心魔與心碎雖不會直接取人的性命，但兩歲的心碎會一路追到六十歲，而七歲遇到的心魔讓你這輩子去哪兒都遇到一樣的心魔，這兇狠程度可一點也不輸猛獸。追追追，追

根究底所有的折磨都來自於關係，爸爸、媽媽、手足、愛人、朋友……，所有與我們有關係的人，都是我們拿來自我折磨的對象。但折磨這種事也得施與受搭起來才算成立，同樣一個人，朋友很喜歡他而我卻很討厭他，為何啊？或者同樣一件事我覺得很棒但爸媽卻覺得很爛，怎麼回事？由此可見生命是詮釋出來的，每一個人都能夠決定際遇的意義與價值。

我們常想要搞定別人來讓自己好過，但事實上，若搞不定自己，就別想搞定任何人。搞定自己需要很多的誠實與自我揭穿，最重要的是接納自己，之後才有力量去搞定別人。所以關鍵一向都在我們自己手裡，那些使我們受罪的，都在我們之內而非之外。

自己都搞定了，就能夠與人建立美好的關係，而關係就是命運，關係好，命就好。

想也知道這個「搞定自己和別人」的過程肯定是高潮迭起、精彩絕倫，且走一趟就是一輩子。當中哭是一定不會少，笑就更不能少。哭哭笑笑像個神經病，管他的，我們要的是把難關給過了。

親愛的女生
2

趕截稿還滿痛苦（這時又適合來一個眼角帶淚的笑臉符號了），但寫書讓我快樂。願我的文字可以陪伴你走過折磨人的低谷與歡慶成功的時刻。能一笑置之的事，就用一笑置之來送走它，人生很短暫，別花太多心力在不重要的人事物上。該哭就哭，哭夠了便會漸漸只剩下感動的眼淚。勇敢面對自己，毫無保留地，當一個愛哭又愛笑，真實的人。

目錄
Contents

PART 1
愛情幻象

PART 2
家庭樂章

PART 3
自己的整合

Part 1

愛情幻象

親愛的女生，

愛情的本質是幻象，因為我們無法從世上任何一個人身上得到幸福，我們只能鍛鍊自身創造幸福的能力。

在親密關係裡，你我帶著各自的人生課題與業力來相愛，而這一趟鍛鍊接納之旅，將需要無比的勇氣。不論過程多麼波折、不論兩人一起下地獄幾百回，只要從地獄回來時兩隻手依然緊緊牽著，這就是幸福。

外遇與專情

外遇是個心碎的議題。

有些人就是會一而再再而三外遇，外力介入也沒辦法約束他。政府都立法恐嚇不得對配偶之外的人獻寶了，他還是忍不住要四處去躺一下、滾一下。

很多人以為反覆外遇的人是想幹遍全天下，所以放任下半身猛虎出山。其實不是，如果他要的只是幹遍全天下，多賺點錢去買春就能圓夢，何苦在那邊感情糾葛。

也有人以為他們是太多情，才會見一個愛一個。其實也不是，因為他們並沒有真的愛上任何人，而只是想透過另一

個人來讓自己更有價值。

　　所以外遇是因為人一心追求美好、更好、再更好的伴侶，他們想要被伴侶滿足。這個人不能滿足我，另一個人可能可以滿足我，結果另一個人也不能滿足我，那麼我就再找下一個。

　　沒外遇的人也未必就是專情，因為搞不清楚自己要什麼的人，是不可能專情的，而「搞不清楚自己要什麼」是很平凡的一件事。這世上沒幾個人搞得清楚自己要什麼，你我都是。

　　不知道自己要什麼，會受一種幻覺所困，就是：永遠都有「更好的」選擇。這種幻覺對人、對事、對物都會發作，在愛情裡，就是永遠搞不清楚現在的伴侶到底是不是對的人，既然如此，當然永遠都有一個「更好的」。遇到更有錢、更體貼、奶更大、腿更長……（下略一萬字）的對象便開始幻想：「跟他在一起可能會更好。」、「如果他才是我命中注定那個對的人怎麼辦？」

　　我不知道自己要什麼，但跟我渴望或嚮往的人在一起，就覺得很滿足、很幸福，心裡的空缺似乎被填滿。奶大的人

讓我找回缺失的母愛、溫柔的人可以撫平我對權威的恐懼、有錢的人填補我的金錢匱乏、無能的人滿足我當英雄的慾望……，我需要各式各樣的人來補償我各式各樣的失落。但無論怎麼補償，只要回到獨身一人就被打回原形，有一百個愛人都沒用，全世界最棒的伴侶給我也是浪費。

所以說搞不清楚自己要什麼，怎麼可能專情？在這個階段，與人建立關係是出於索取，換句話說，就是建立關係的目的大多是想取用對方的美好。

如此勢利的態度在愛情裡很常見，比如遇上了比伴侶更能夠滿足自己的人，你我都會忍不住偷偷心動，幻想著跟他在一起也許會更快樂……。你我之所以沒有出軌，只是因為壓抑、無價值、依賴、懦弱、愧疚或一些零碎的道德包袱。我們之所以可以站在道德高處去攻擊外遇的人，只是因為我們把這份平凡的迷惘藏得很好。我們沾沾自喜地慶幸：捅出簍子的不是我，是你。

然而沒外遇其實一點都不代表我們真的比較愛伴侶，頂多只能說我們至少沒有創造捉姦在床的戲碼來破壞關係，但在別的層面的破壞可能毫不客氣。

其實外遇的本質其實就是迷惘。慣性外遇的人，是親密關係裡的迷途羔羊，一直找尋一直找尋，永遠需要一個他者來滿足自己，那是一種永不止息的焦慮，來自愛匱乏。

其實每個人都是這樣，沒有誰能倖免，只不過程度不同，發作的領域也不同。然而這種迷惘在愛情裡發作，特別惹人痛恨，因為愛情會讓人掏心掏肺、掏錢掏器官，總之能掏的都會掏出來。當你對一個人掏出了所有，他卻一點都不珍視，去外面也跟別人掏來掏去，那真的會很想給他死，若沒辦法給他死，那就自己去死好了。唉唉，親愛的，這種罪孽交給老天去收拾就好，別傻傻拿自己的人生去跟他磨。

看著伴侶遺棄自己去跟新的對象恩愛爽歪歪，確實是一件極度痛苦的事。那種痛苦會讓我們相信：那個人比我好，所以他贏了，我輸了。

事實上這是個幻覺。不論伴侶的外遇對象看起來有多棒，他們看起來有多完美，因外遇而開始的關係，必有糾葛要解，無須被他們短暫的幸福假象蒙蔽而自我鞭打。

因外遇而離去的人是關係裡的逃兵，他們沒有能力先完滿一段關係再展開另一段關係，只能從這段關係「逃」到另一段關係。他們的不守信、不負責任、無能、欺騙、背叛

……，都對關係很不利，再加上背負外遇的罪惡感，除非經歷一場無與倫比的覺悟並付諸行動去扭轉，否則下一段關係不會好到哪去。

遭受背叛的人，大可以透過看衰他們來自我安慰，你的詛咒百分之九十都會成真，見證詛咒兌現很有報復的快感。或者，佛心一點，省下力氣不詛咒，而是選擇看清愛情真實的樣貌。

無論表面條件多麼完美，人人皆有黑暗面，跟誰在一起都免不了要經歷雙方黑暗面的大亂鬥。在張牙舞爪的權力鬥爭裡頭鍛鍊接納，才是親密關係存在的意義。就算是一見鐘情的靈魂伴侶，也一樣是帶著有各自的人生課題與業力來相愛，總之在愛情裡，沒有人是輕鬆的。

「我的伴侶拋棄我而選擇他，是因為他比我好」，這話是幻覺一場。哪有什麼比較好的人？沒有，不過就是那個當下，他們有他們的功課要做，所以他們就湊在一起了，如此而已。

愛情的真相就是這樣，然而這並不減損愛情的甜蜜，畢竟老天造人很貼心，有造荷爾蒙。荷爾蒙會幫你引爆業力，

啊不是，荷爾蒙會帶領你去認出那個與你相約今世要一起做功課的人，不管你們往後的功課有多難做，荷爾蒙都會先賜予你甜蜜的激情，讓你心甘情願展開這一切。

反正，既然關係締結了，就是一個緣份。外遇是不符期待的愛情，無論如何也是愛情。冤親債主，帳結一結，讓它過，還自己耳目一新的人生。

英雄救美的詛咒

　　遇到危險時，丟下同伴溜之大吉雖不光彩，卻是人之常情。但若是男伴丟下女伴，他的自私會被放大，他要承受的鄙視更多，因為男生應該保護女生。

　　「英雄救美是一個古老的詛咒，女生覺得自己應當受到男生保護（與拯救）。」課堂上，老師如此告訴我們，真是說得太好了。這個詛咒不是只有在發生災難時才顯現，它無時無刻都在顯現。

　　有次朋友向我和老公確認某件事，因為那事有幾絲人情

世故在裡頭，需要婉轉回答才不會得罪人，結果老公一感到苗頭不對，立刻把我推向朋友說：「不是我說的，是她說的喔。」那個當下我真心鄙視我老公，心想這男人竟然推老婆去擋子彈！混帳！我怪罪他沒有選擇跟我並肩作戰，而是用手把我推出去，實為可恥。

我常想起這個事件帶給我的感受，在內心最誠實的深處，其實我也沒有想要「並肩作戰」，而是我覺得老公應該保護我才對，但為什麼老公必須保護我？我還真說不出個道理。論口才我勝、論應對進退我勝、論與發問者的交情我勝、論心力我還是勝，為什麼不能是我保護老公？這就好笑了，此情此景，老公確實需要我的保護，他推我去擋子彈是合情合理。在這個事件中，婉轉地回應朋友對我來說根本不費吹灰之力，但我卻心不甘情不願。很奇怪，很多時候我明知老公比我弱，卻仍然認為應該由他來保護我，只因為他有屌。

你看看，這英雄救美的詛咒多麼奸險，我也深陷其中。

即便心知肚明這是個集體意識的陷阱，知道跟做到仍有段距離，現在要我挺身而出站在老公身前說：「老公，我保護你！」我尚無法心甘情願、毫無批判。

　　不光是芝麻蒜皮的日常小事，若睜大眼睛更加仔細地看，就會看到這個詛咒的範圍真是又深又廣。很多人對女強人的愛情想像，就是被一個更強的男人馴服，女強人自己也會有這種想像。一個女人有錢、有愛、有力量，從各個面向來看都早已是自己人生的主人，但她的內心卻有個無以名狀的失落感，唆使她去尋得一個男人來當自己的主人。年薪五百萬的女人往往想找一個年薪七百萬的男人，依靠他的肩膀；但年薪五百萬的男人鮮少會想要找年薪七百萬的女人一起生活，而寧可跟年薪五十萬的女人在一起，因為他不想被凌駕。

　　女人不論自己有多大的力量，都還是想依靠男人的保護。這就是英雄救美的詛咒，超煩。

　　還有個奸險的陷阱很也值得一提。

　　我對一個女人的評價，會受到「她跟什麼樣的男人在一起」影響。就像維多利亞旁邊必須是貝克漢，才顯得她很有辦法、有魅力。女神身邊不能配遜咖，如果維多利亞跟一個花心、好賭、名聲很糟的男人在一起，她在我心目中的位置立刻一落千丈。

　　也就是說，當我評價一個女人時，她身邊的男人夠好，

她才夠好。我看待我自己也是同樣的標準，若我能尋得一人之下萬人之上的優秀男人成為我的愛侶，我便會覺得自己夠好。

　　我本以為這是天經地義，但有次跟老師聊天聊到這話題，老師說：「仰賴男神加持才能成為真女神，算什麼女神？」、「女神跟誰在一起都是女神，沒人能削弱她的光芒。」

　　聽完老師這麼說，我笑了，邊笑邊翻白眼。我批判不保護女人的男人，我也批判沒有男人加持的女人，我到底有什麼病啊，自我價值老是跟男人綁在一起。算了算了，至少我已經在清醒的路上，終有一天擺脫這個詛咒。屆時我將不再需要男人，這不代表不愛，而是不依賴。

　　提到英雄救美，不禁想起過去在巴黎唸書時看了一些法國電影，都是女主角救男主角，對此我感到很新奇，但身邊的法國人卻習以為常。法國人在這方面是挺開悟的，已從指望男人救女人的詛咒裡解脫。那些女主角不僅可以自行脫困，脫困之後還可以去救他們的愛人，個個都是神力女超人來著。我想著電影裡的那些能夠自救與救人的女人，明白了一件事：

　　等不到英雄救美是可憐嗎？不是，是自由。

在張牙舞爪的權力鬥爭裡頭鍛鍊
接納，才是親密關係存在的意義。”

法國幻象戀曲

　　咖啡廳裡，我的隔壁桌有兩個人正在進行語言交換，女生反覆練習一個單字，唸了又唸，看不出國籍的男子則不厭其煩地示範正確發音。

　　背對他們的我，無法細看男子與女生的模樣，腦海裡卻已經自動描繪出各種畫面與情節，我對這種看似生疏卻其實大有曖昧空間的關係，特別有感覺。愛情幻象千百種，曖昧就是其中最基礎的一種，不用看真相的美好階段，夢幻程度僅次於熱戀，且不用負責任，超過癮！

　　講到幻象，我的閨蜜們尊稱（嘲笑）我為愛情幻象大師，

因為我人生有一半以上的時間都在愛情幻象裡，我的青春年華都在跟幻象糾纏不清。講個最好笑的，我跟法國愛人的故事，就是不折不扣的荒唐幻象。

第一次約會過後，我覺得自己深深愛上他、愛到無法自拔。我覺得我們是靈魂雙生火焰、我們是所有愛情電影裡男女主角的總合，我們之間的愛如天雷勾動地火般的炙熱，他就是我的騎士、我的國王、我的天，反正就是他了。道別後的每一分每一秒，我都在盼望下一次見面，等待如同坐火椅一樣折磨，這就是戀愛的痛苦啊。

第二次約會到來的那一天，我換上最迷人的小洋裝，站在街頭，緊張到差點沒把整個胃吐出來。我一直在想，到底該用什麼姿態等候我的法國愛人呢？若有所思地看向遠方？低頭閱讀手中的書？還是倚著路易十四噴錢扎滿整個城市的經典路燈，左腳微彎、右腳拉長，偶爾撩一撩風中的髮絲，假裝沒有在等，就那樣輕鬆站著？

後來我選了二加三：倚著路燈看書，姿態堪稱完美。距離約定的時間只剩下幾分鐘，我整個人已經焦慮得快爆炸，有幾度甚至嚴肅地考慮是否該回家，因為我心臟承受不起如此這般的刺激，若是因為等愛人緊張過度而命喪路燈下，有

點太丟臉，我不希望我的父母承受這種恥辱。儘管沒出息的念頭閃過幾百次，我仍動也不動地站在路燈下，因為我腳軟啊，哪兒也去不了。愛人隨時會到，我捏著胃（以防它被吐出）繼續假裝看書。這時，左前方有個很像愛人的身影走來，我立刻整理自己的面容，選在最完美的時間點抬起來頭甜喊一聲「你來啦」，卻發現自己認錯人了，天底下還有比這更糗的事嗎？（有）

　　我側過頭去裝死。

　　就在那一刻我意識到整件事的荒唐程度遠遠超乎想像。

　　我有「洋人臉盲症」，這是一種我自己命名的病，症狀是無法分辨洋人的長相，我真的覺得洋人都長得一樣，我只分得出黑人跟白人的不同，其他細部特徵全是一團迷霧。等待愛人的那幾分鐘之內，我發現我自以為已經深深愛上他，但實際上是如果現在有十個白種男人站在我面前，我沒把握可以從裡面挑出正確的他。

　　花惹發，天底下還有比這更荒唐的事嗎？我知道愛情是盲目的，但這……天啊我想不出該怎麼形容了。總之我愛的只是一個幻象，百分百的幻象，我愛的是自己的想像與投射。

我太沈迷那種感覺，便單方面自行宣告這戀愛我談定了，非談不可、非他不可，且一栽進去就是好幾年。我談戀愛跟中邪沒兩樣。

　　法國戀曲雖是幻象一樁，但我也從中獲益良多。首先，我的洋人臉盲症被治癒了，現在的我超會分辨外國人的長相，每個人外國人都長得不一樣了，世界變得好繽紛開闊喔，哇哈哈哈哈哈哈哈，我好棒。

　　仔細想想，我此生所談過的戀愛全都是幻象，我從未真正知道他們是誰，我只在乎我想看見的部分。又或者說愛情的本質就是幻象，因為那建立在我們以為跟某一個人在一起就會得到幸福，事實上**我們無法從世上任何一個人身上得到幸福，我們只能鍛鍊自身創造幸福的能力。**靠別人也不是不行，然而代價是一旦那個讓你得到幸福的人消失，你就會死掉。殘酷、甜蜜又盲目，這就是我們朝思暮想的愛情。

魯蛇與正妹

　　青春浪漫喜劇不論是漫畫還是電影，男主角的人物設定常是心地善良但不會把妹、交不到女朋友的魯蛇。雖然這類片子有魯蛇取暖自嗨之嫌，但我不是魯蛇卻也滿愛看的。

　　畢竟現實中的魯蛇常常為了交不到女朋友而陷入全面否定自我的地獄，每一次跟女生互動不順利，就下一層地獄，一層一層下去，最後不僅自我放棄，還會推罪給女生。但電影裡的魯蛇最後幾乎都能找到真愛，且真愛通常是大正妹，多麼勵志，我喜歡看勵志的故事。

電影《真愛每一天》裡的男主角提姆也是挺標準的魯蛇，且不意外地，他也愛上了人見人哈的大正妹夏綠蒂。你懂的，魯蛇都要愛上正妹。

提姆向夏綠蒂告白那場戲真是笑炸我，夏綠蒂對提姆一下鼓勵、一下暗示、一下拒絕，耍得提姆團團轉。提姆怎麼會是夏綠蒂的對手呢？她可是操弄男人的天才，擺明了要全天下男人都迷上她，但除非她想要，否則男人死活都別想爬上她的床。

欲拒還迎、欲擒故縱，提姆的心神全都掛在夏綠蒂身上，心甘情願被夏綠蒂使喚來使喚去，最後連夏綠蒂的腳趾都沒摸到，只能悵然目送夏綠蒂離開。夏綠蒂離開時，提姆還覺得自己失去摯愛。真是有夠傻的，到底哪來的摯愛？窒礙還差不多。

為什麼魯蛇總會愛上遙不可及的正妹呢？因為魯蛇覺得自己很渺小。人性很奇怪，當我們感覺自己渺小，就想要利用他人的光環與美妙來補償自己，這種補償往往是不計代價的，只求能夠沾到對方那一點點的美麗、一絲絲的光彩，若有幸能被青睞，那一瞬間就是打出生以來最有價值的一瞬間。

就像電影裡提姆的朋友羅瑞，跟提姆一樣魯到不行，他一看到夏綠蒂就說：「如果能看到她的胸部，眼睛一定會爆掉，然後瞎著眼睛跟她上床，死而無憾。」羅瑞一講完我就大笑，真是太誠實太好笑了。

從羅瑞這番話裡我們可以看到，魯蛇對正妹的愛慕也沒正直到哪去。

羅瑞看著夏綠蒂，腦裡想的盡是如何享用對方、索取對方來滿足自己，死掉都沒關係。就像荒漠裡的行者看到鮮甜的果實，只想著怎麼把果實榨乾吃光，即便有毒也要吃。魯蛇對正妹的渴慕是出於對自身的貶低，有多想得到正妹，就有多瞧不起自己。

魯蛇看似可憐，在愛情市場上只有被正妹操弄的份，但魯蛇往往也是最輕蔑正妹的人。你看羅瑞，儘管他表達對夏綠蒂的愛慕時所用的言詞與態度都很卑微，但實際上夏綠蒂在羅瑞眼裡就是一塊肉罷了。他要吸乾她，他要透過一個美到自己配不上的正妹的身體，將這輩子從未體驗過的美妙，全都吸進來。所以，如果羅瑞真被夏綠蒂耍一遭，老實說也是剛好而已。

魯蛇覺得自己的魅力與外貌配不上正妹，於是透過展現

自己的功能來刷存在感，不知不覺就變成工具人，但當工具人是無法翻身的，因為內在的無價值感太重，提供越多服務，越是讓自己陷入無價值的牢籠。如果連你自己都覺得自己沒有價值又不討喜，請問世上哪個倒楣鬼要跟你在一起呢？

另外，在沒有親密關係共識的情況下，對方享用你的服務甚至予取予求，是他的無恥；但你允許自己被別人這樣對待，則是背叛、糟蹋自己。既然你把自己活得這麼糟糕、一點魅力都沒有，為什麼別人要對你好？又不是全天下的人都是慈善家。

而正妹呢，天降美貌還請善加利用，切勿拿來造孽，很浪費。

有時魯蛇與正妹發生糾葛時，正妹會說：「是魯蛇自己來纏我，不是我的錯。」天生麗質難自棄，我就是這麼有魅力，怎麼辦？沒錯，別人要不要迷戀我是他的自由，但趕人的力量可以鍛鍊，也必須鍛鍊。因為留一堆不真誠的曖昧關係在身邊，表示妳內在覺得自己不夠好，需要操弄這些人來得到優越感。

要知道，女人長得美又有魅力，就像有千軍萬馬在後頭

支持妳，但若 Hold 不住自己的魅力，就會是千軍萬馬在後頭「衝康」妳。不需要貪圖因美貌而來的短暫甜頭，結果搞得自己紅顏薄命。

魅力跟力量是兩回事，有魅力的女人可以吸引很多人來到身邊，但有力量的女人才能決定去留。

魯蛇與正妹不互相推罪，就有機會在一起。電影都這樣演的，看似高高在上的正妹搭配遜爆的魯蛇，但實際上是兩個覺得自己不夠好的人，在彼此的匱乏裡看見自己的美好。

匹配

　　有個觀點是這樣的：想要跟什麼樣的人在一起，你得先成為那樣的人。這說法適用於愛人、同事、朋友……所有的關係，但我覺得放在親密關係裡特別真實，因為愛情是沒有邏輯的，就連身在其中的自己都搞不清楚為什麼愛上對方，那莫名其妙的吸引力往往就是最真實反映我們內在狀態的指標。簡單說，不論誰配誰，都是剛好而已。

　　最近看了一部電影《巴霍巴利王：磅礡終章》。電影中，馬西馬帝的國王巴霍巴利假扮平民出巡，愛上了昆塔拉國的公主提婆希納。另一頭皇宮裡，巴霍巴利的母后並不知道這件事，陰錯陽差把提婆希納許配給巴霍巴利的哥哥，還派了使者去昆塔拉國提親。

　　使者向提婆希納展示壯觀的金銀財寶，盼她點頭，而提

婆希納的回應竟是：「是你個人的問題，還是你國家的人都這樣？想收買我？門都沒有！如果你國家的人都像你這樣，連我國家的狗都不會嫁給你們的王子。」

後來提婆希納差遣使者，除了傳話之外還附上一支劍，「沒問過我就開始送禮物，讓我不禁懷疑妳兒子的勇氣，看來他只是個躲在女人背後的懦夫，娶我的劍吧。」看到這邊我大笑不止。這段話翻成現代的語言就是：「連追女友都要媽媽出面，這種媽寶老娘不屑要。」哎唷喂，果然古今中外有智慧的女人都知道媽寶不能要。整部電影裡，提婆希納只要一開口，所有人都要扶心臟，她實在太敢講、太真實了。

想也知道母后聽到後，理智線當場斷光，立刻派聯軍去滅掉昆塔拉國。「女王，您的兒子巴霍巴利正在昆塔拉啊。」屬下好心提醒母后別因衝動滅了別人的國又滅了自己的兒子，結果盛怒之下的母后說：「那正好，叫巴霍巴利把提婆希納當作囚犯給我帶回來！」

接到消息的巴霍巴利，明白母后的命令只是誤會一場，但他是個正直的人，便將母后的命令誠實地轉達提婆希納：「妳願意作為我的囚犯，跟我一起回到我的國家嗎？」好一個不修飾的轉達啊。我只能說，巴霍巴利還沒結婚，尚未學

會在媽媽跟老婆之間當一個稱職高明的橋樑，但誠實這一點仍值得嘉許。巴霍巴利為什麼會這麼白目呢？因為對他而言，提婆希納作為妻子還是囚犯回到馬西馬帝，他都同樣尊重她、款待她、疼惜她，毫無差別。但對提婆希納而言，有差。

她說：「你已經贏走了我的心，我甘願跟你走，但要我作為囚犯，我一步都不會前進。」多麼有智慧的女人，她要讓巴霍巴利知道：「我今天嫁給你，是跟隨我的心，不是跟隨你。」一句話，女王的風骨展露無遺，我管你金山銀山、是國王還是平民，跟你在一起，是因為我信任自己的選擇。

離開昆塔拉前往馬西馬帝那天，提婆希納搭從碼頭踏上接駁小木舟，不小心踩滑一步險些跌倒。巴霍巴利見狀，二話不說跳入水裡準備接住她，但提婆希納已穩住腳步。巴霍巴利在水中由下而上望著愛妻，露出深情的眼神。提婆希納回以淺淺一笑，就踩著巴霍巴利上船了。

就踩著巴霍巴利上船了。對你沒看錯，她踩著他的臂膀與身體走上木舟。看到這一幕我拍案叫絕，我太懂了。我知道她踩他是因為要確認平等。這個男人除了愛我、欣賞我之外，也必須與我並肩而行，不能是活在英雄幻象裡的蠢蛋，對我採取上對下的姿態，混淆了施捨與愛。他必須擁有一顆

平等心，才是能互相依靠的伴侶，也才會是真正的國王。

臣服於女人的男人，才是真正的大丈夫。電影裡這個橋段，巴霍巴利展現了他是真正的大丈夫。

回到馬西馬帝之後，巴霍巴利與提婆希納經歷了皇室的權力鬥爭、被放逐至民間，巴霍巴利被刺殺、暴君登基、提婆希納淪為暴君公開凌虐的奴隸……。提婆希納的身體被折磨到彎曲、臉被刮花，老臣看不下去想偷偷放她走，卻被她拒絕。「我的兒子，巴霍巴利二世一定會回來，成為這個國家真正的國王。」她選擇成為巴霍巴利的妻子，不僅僅是從此與這個男人同甘共苦，也承諾與這個國家休戚與共。她守住了她的信念，是個真正頂天立地的女人。二十五年後，那雙曾經踩著巴霍巴利臂膀的雙腳，在戰火中踩上了暴君巴拉的頭，走入神廟，讓她的兒子巴霍巴利二世登基。

這電影看得我熱血澎湃。戰士們在真理與人性間打打殺殺，而所有不戰的部分，全都鋪滿了身為人的日常試煉。人生很忙，真的，不要以為電影只是演演，那些都是不同層次的實相。我最愛的提婆希納，於愛情於命運都義無反顧：「我所有的作為皆出於我的選擇，我為我的生命負責任到底。」

提婆希納與巴霍巴利，真正的女王配真正的國王。

愛情與麵包

　　讀書會上、講座裡、日常生活中，常被問及這個問題：A男給我很好的物質生活，但我沒有很喜歡他耶，要跟他在一起嗎？

　　通常我會說當然不要。會問這問題就是根本沒有愛人家啊，當然不要在一起。在一起的考量既然只是出於需求，一旦需求消失，你會很想把那人一腳踢開，看到他就煩，但更煩的是要面對自己的惡劣。想到自己竟如此現實、沒有愛，便覺得罪孽深重。

　　若是明明沒有愛對方卻在一起，出於罪惡感，反而會提

不起勇氣結束這段關係，因為你怕他發現你對他不是愛，而是補償、施捨與欺騙。而每次想到自己這麼壞，就忍不住詛咒自己不配得到幸福，毀人毀己。不敢分手、不敢面對、不敢承擔結果、逃避、拖延……，不知不覺就這樣放棄了人生。

很麻煩吧？真的很麻煩。

不如我們來想一想，我到底渴望從 A 男身上得到什麼？那些我們想從對方身上得到的，我們真的給不起自己嗎？他給我的物質，我自己給不起嗎？假設他給我一幢房子好了，我現在可以被房子收買是因為我買不起房子，但我不會一輩子都買不起啊，為何要為了房子跟他在一起？如果自己買得起房子，這種糾葛就不存在了，想想不覺得很有動力賺錢買房子嗎？

當一個女人為了年薪五百萬嫁給一個男人，是因為她不相信自己賺得到。我們當然不要跟馬雲、貝佐斯比賺錢，我們只要跟那個可以滿足我們物質需求的人比就可以了，為什麼他可以滿足我，而我不能滿足我自己？他可以年薪五百萬，而我真的不行嗎？給自己十年甚至十五年的時間，真的辦不到嗎？一個二十五歲的女人為了年薪五百萬嫁給一個男人，

她沒有想過，若訂下目標並全力以赴，或許三十五歲時自己也能夠年薪五百萬。她沒有這樣想，她不相信自己辦得到，所以就用下半生的婚姻去交換別人給她五百萬，然而這五百萬她能享用多少卻是未知數。

　　站在共同生活的角度來看，我並不想在某一領域長期依賴另一半，尤其錢這件事。如果我的伴侶是個爵士樂手，我並不會想要去追上他的爵士樂才華，我有我自己的才華要經營，哪來的閒功夫去競爭他的強項。但若我的伴侶年薪五百萬，我年薪只有五十萬，我絕對想辦法追上去。

　　長期在金錢上依賴對方，就像是金錢的長照，即使對方一點都不介意，但被照顧的人很少不愧疚的，選擇一種讓自己愧疚的生活方式，何苦？確實有人不會為此有罪惡感，但很少。能夠沒有罪惡感地花別人的錢，必須對自己的價值有非常高度的信任。若非如此，大多數人表面上花別人的錢花得理直氣壯、一點都不會不好意思，但內在其實是匱乏的。不僅要為了讓自己一直有錢花而犧牲諸多自由，還要費心去控制給錢的人，又或者是花別人的錢花到麻痺沒感覺，同時也對自己的人生沒感覺，已自我放棄。

　　錢可以創造生活，賺錢的能力就是創造力，如果老是由別人幫你賺，你的創造力就會逐漸熄火。失去這份創造力的代價很大，別傻傻把這力量交給別人。

　　這就是為何倘若我的伴侶年薪五百萬，我年薪五十萬，我絕對想辦法追上去，不是為了贏，是為了並肩而行，伴侶要能夠並肩而行才走得久。

　　我談戀愛、結婚，是為了並肩而行、互相依靠而不是依賴。如果選擇跟滿足我物質需求的伴侶在一起，我很清楚這背後的意圖在於對自己的不信任以及對伴侶的依賴。

　　所以愛情跟麵包怎麼選？這題從我有意識以來答案都沒變過，我選愛情。因為麵包根本不應該成為選項啊，每一位戀人都該自備麵包好嗎？人人都有自己的麵包，見面約會交換吃、互相分享不是很好嗎？對自己的豐盛富足負責任，不假手他人。盼望大家能一起超越這個問題，從今而後直接從擁有麵包的層次來進入愛情。

親密關係中的黑暗自我

　　女兒咪哈從月子中心回家之後，與我和老公一起睡主臥室，嬰兒床安置在我們的床尾。

　　在她能夠一覺到天亮之前，只要夜裡哭鬧，我就會趕緊起來安撫她，必要時會把她抱去客廳晃晃。我原本以為自己這麼做是出於母性，但後來發現沒那麼單純，這當中有個隱藏動機：老公白天要上班很辛苦，一定要讓他晚上可以好好睡覺，所以咪哈半夜哭鬧時我要儘快搞定，別吵到老公。

荒謬至極。

當時我自己帶咪哈，每天都是從睜開眼睛那一刻起，就像陀螺一樣轉不停，起床後連一口水也沒喝，卻晃眼間已經來到下午，不必說根本無法好好吃飯，連上廁所都苦無機會。以實際狀況來說，我才是晚上需要好好睡覺的人，老公白天上班百分之兩億不會比我在家帶小孩辛苦，但我卻認為自己應該要搞定半夜哭鬧的咪哈，讓老公好好睡覺。

當我看見這整件事有多麼荒謬時，實在無法理解自己怎麼會這樣！「老公上班很辛苦，要讓他晚上好好睡覺」這件事怎麼會被我放在最優先的位置，我怎麼會如此無視自己的需求？

一層層向內挖，我發現我潛意識認為：在外工作賺錢的人比在家帶小孩的人偉大。天啊，我就是在家帶小孩的人，卻把自己看得這麼低，羞愧到好想哭。我的「頭腦」認同在家帶小孩是值得驕傲的事，我的「嘴巴」也會說全職媽媽是天底下最有力量的工作，但「潛意識」卻沒有真正把這個身份放在偉大的位置。

怎麼會這樣？我鼓起勇氣再挖深一點。原來我潛意識有條信念：女人的位置要靠成全（討好、服侍）男人來交換。

　　這就是為什麼我頭腦跟嘴巴對於「在家帶小孩」這件事抱持著絕對的尊敬與肯定，但夜裡女兒一哭，我立刻跳起來處理，只為了怕吵到老公睡覺；在真正的現實裡，我根本不尊敬在家帶小孩的自己，我認為在外頭工作賺錢的老公，比我偉大。

　　大家都說我是獨立的新女性，我自己也這樣以為，但我內在卻有這種男尊女卑的遺毒，不僅背叛自己的需求，還用犧牲去交換價值，OMG 實在太丟臉！那個誰快點把我埋起來，埋深一點，我不想面對這一切，嚇死人了。

　　由於太羞愧，我第一個反應是推罪給老公，覺得老公很賤，只知道享受既得利益卻無視我的需求。

　　「我自己搞不清楚狀況就算了，但你身為旁觀者，看到我每天累得跟鬼一樣，都不會想要體貼我嗎？」

　　「我才剛生產完欸，身體還那麼虛，你怎麼都不會發現我也需要人照顧？沒良心、沒同理心、過份。」

　　「男尊女卑是人類歷史的共業，你骨子裡一定也有男尊女卑的遺毒，才會覺得老婆半夜起來顧嬰兒是天經地義，一點想要分擔的跡象都沒有，整個理直氣壯讓我做牛做馬，混

帳王八蛋！」

把一半責任推給老公之後，心裡舒坦多了，爽啊。

其實我明知只要我開口，老公就會願意半夜起來顧女兒，但我就是不想這麼簡單地溝通，我覺得他應該要從我的落魄與狼狽當中發現自己的疏忽，進而補償我才對。總之我就是要懲罰他，看到他也跟我一樣羞愧，才能緩解我的罪惡感。不僅如此，若能夠成功地讓老公產生愧疚感，老公以後就會對我更好，賺到！

犧牲、背叛、羞愧、推罪、攻擊、操弄……這就是我的陰謀與手段。透過這些，我想得到的是我對自己的寬恕，以及老公對我的疼惜。也就是說，我其實只是想要被愛而已。

在此昭告天下，**世界上只有一個東西可以讓你得到愛，就是付出愛。其他胡搞瞎搞的下場都很慘。**用罪惡感控制對方，試圖讓對方愛自己更多，只會換來對方的逃避。親身經歷，真心不騙，歡迎以身試法。

關於女性意識的部分，有時我們自以為獨立、進步，自以為不像傳統女性那般卑微，實際上常常只是在腦袋認知的部分做出改變，深層潛意識仍存在著舊思維。

　　我現在比較接納自己內在男尊女卑的遺毒了，不會因為看見它而過度羞愧。男尊女卑的價值觀確實是歷史共業，除非生長在沒有這個共業的國度，不然你我多少都有。承認是好事，承認才有機會面對，儘管還沒走到解決的那一步，但光是面對就有力量。我們這一代願意面對，下一代就不用重蹈覆轍。

　　在「關係」裡看自己，需要無比的勇氣，過程中至少得深呼吸兩萬次。控訴、推罪給別人，短時間內會是比較舒服的作法，但長久來說，那些讓我們跳腳的事並不會真正消失，且每次出現都會增加我們的壓力，讓挫敗感與怨恨越疊越高。

　　對我來說，面對自己的黑暗很痛苦，尤其在關係裡特別難堪。因為有人目睹啊，多麼糗，又，傷了人會愧疚，那放下罪惡感的過程很折磨。但無論如何，老被同一件事卡住實在沒意思，人生苦短，我寧可乾脆點、咬牙切齒、痛哭流涕，過關斬將長力量。

> 透過各種「關係」看見自己、接納自己，需要誠實與自我揭穿，更需要無比的勇氣，只要願意面對，就有力量與人建立美好的關係。

手牽手下地獄

外人看我跟老公常常十指交扣，覺得我們夫妻感情很甜蜜。哇哈哈哈哈，要知道，我們的手牽在一起，常常去的不是天堂，是地獄。

以前覺得幸福的愛情就是我先成為一個很棒的人，接著就能遇到一個很棒的人，然後我們就可以過很棒的生活。這裡的「很棒的生活」指的是問題很少、很和平、快樂遠遠多於痛苦的生活。我當然知道天天幸福快樂是愚昧的夢，所以我只要求「問題很少、很和平、快樂遠遠多於痛苦」的生活，

我認為這樣的要求屬合理範圍，也稱得上實際。「這就是我要的幸福。」我心裡這樣想，然後去談戀愛，不小心還結了婚。

沒想到就連「問題很少、很和平、快樂遠遠多於痛苦」已經看似如此合理的要求，仍是幻象一場。我的老天啊，到底人為什麼要存在呢？不過是談個戀愛結個婚，我竟為此開始質疑自己為何出生。

大家千萬不要以為我跟什麼妖魔鬼怪結婚，受盡折磨之後才有這般感悟，大錯特錯，我老公是個十足的好人，但跟他在一起之後我才恍然大悟：原來好人也會做壞事。

在愛情裡根本沒有道理可言，所謂的好與壞，真要追溯起來，不過就是能否滿足自己的需求，我老公的惡到了別人眼中，就成了善，而那些被我定義為惡的，純粹只是因為我不順眼、不喜歡。二元對立皆是虛無縹緲的，我很早就在文化差異當中看破了這個真理，但我忘記愛情裡也適用，畢竟我是個長期活在愛情幻象之中的人。

為什麼世間的二元對立都是虛無縹緲的呢？因為我在巴黎住了三年，巴黎人沒有章法可言，跟巴黎人打交道破除了

我對是非正負、美醜善惡的老舊執念。

　　舉個壯烈的例子，在巴黎，即便是我認為理所當然要遵照規矩辦事的公家機關，比如審理留學生資格的居留承辦局，也沒有在按照章法辦事的。居留承辦局門口貼著辦理居留所需要的文件清單，但如果你帶著這些文件前去，承辦人員仍會依照他當下的「心情」，沒錯你沒看錯，是用他的「心情」來審理你的文件，然後丟出完全不合理的要求。比如辦理居留的文件當中，並沒有要求出示學校圖書館的圖書證，況且也不是每個學校都有圖書館，像我就讀的音樂學院就沒有圖書館。但承辦人員會依照他當下的心情，突然跟你說：「啊妳的圖書證呢？」

　　「我沒有圖書證。」

　　「為什麼沒有？」

　　「因為辦居留的文件沒有要求要圖書證。」

　　「但我覺得有需要，我想看你的圖書證。」

　　「我沒有帶圖書證。」

　　「請你下次帶圖書證再來，下次見。」

　　然後他就會比個手勢叫你滾，而光是要踏進居留承辦局，就得在網路上預約一到三個月，也就是說，我今天滾出這裡

之後，只能上網預約下一次滾進來的時間，通常最快是一個月後。在這期間任何需要用到居留證的場合，我都無法通關。

你懂嗎？這完全沒道理甚至沒道德，但如果你膽敢跟承辦人員討價還價，他就會叫警衛來把你攆出去。我在巴黎三年，每年去辦理居留時，都會有人被警衛攆出去，被攆出去的學生有時候還會崩潰地大吼大叫「我恨法國！法國人都去死！」他吼得越大聲，警衛拖走他的速度就越快。我很懂他的心情，我愛巴黎，但很多時候仍會止不住心中的怒火而詛咒法國亡國。

無論如何我在巴黎的這三年還是收穫良多，最警世的一課，就是我徹徹底底地了悟：千萬不要肖想用台灣人的那一套在這裡生存。事實上，每到一個國家都會來一次大徹大悟，小至飲食大至國家政策在在都顯示著：此處的王法到了另一個國就成了荒謬的神話故事。世間根本沒有絕對的是與非，也就沒有絕對的二元對立。

一個國家之所以能夠存在，不是因為它很「好」，而是因為它的好壞大致上已達到平衡，這關係著一國存亡的平衡，是超越二元對立的：國家裡有好人也有壞人，好事與壞事也

一直都在發生，但它此刻當下處於平衡的狀態，所以尚不會滅國。

人的情況也差不多，若用超越二元對立的角度來看待愛情，就會知道根本沒有所謂的好對象與壞對象。跟任何人在一起，都會經驗他的所有，也就是包括他的黑暗面。我說「認識我老公才知道原來好人也會幹壞事」，這樣的體悟來自於先前對人性的無知，好人本來就會幹壞事，正確來說，人人都會幹壞事，只是有沒有被揭發而已。

所以說即便是「問題很少、很和平、快樂遠遠多於痛苦的生活」也是不切實際的渴望，因為世界上沒有一個人的黑暗面是和平的、快樂的、問題很少的，如果我們願意跟一個人親密到足以見識彼此黑暗面的地步，就不要肖想日子能夠平靜地過。

我跟老公都屬真實的人，我們大多時候（並非總是）願意面對真實的自己，也敢讓對方看見真實的自己。這裡的真實指的不是放屁、剔牙、大便之類的事，而是內在的掠奪、毀滅、嫉妒、受害、攻擊、推罪、犧牲等等，這才叫黑暗面。

每當我們各自的惡劣在發作時，想當然耳吵架是免不了的，大發作搭配大吵架，小發作搭配小吵架，兩個一起發作

時，在馬路旁邊大吼大叫也是有的，這時候就好慶幸我不是國際巨星喔，不然被拍下來實在頗糗。吵架的內容包羅萬象，但大多是利益衝突，我覺得你不夠愛我，你覺得我對你不好，我們都覺得自己在這段關係中有所損失，想從對方身上拿回補償。「我覺得你不夠愛我，你覺得我對你不好」這種控訴不覺得很熟悉嗎？其實我們對父母的控訴也是一模一樣的，等到有小孩之後就會用一樣的台詞控訴小孩。

　　說回愛情，我跟老公願意對彼此展現黑暗面，這很不容易。要展現光明面一點都不難，全天下情侶在談戀愛的時候都會盡情展現自己的光明面。在熱戀階段，就連訴說自己的匱乏、缺陷與脆弱，都知道要用令人疼惜的姿態，一切都很可愛，沒有什麼不可愛的。待激情退卻之後，權力鬥爭無縫接軌，兩人就會開始打仗，在最無聊的瑣事中也要戰出個對錯好壞。沒力量戰的人千萬不要有幻覺認為自己很超脫，你只是在忍耐與犧牲而已，真正超脫的人喜悅且平靜，不會創造這種局面。

　　我們從出生到此刻，只學過如何隱藏黑暗面，從來沒學過怎麼看待、處理、接納黑暗面，所以正常狀況下，我們隨

時隨地、分分秒秒都在壓抑自己的惡劣且為此感到罪疚。在這種長期壓抑的情況下，你我的黑暗面都很肥大，誰承接誰倒楣，而承接者往往就是伴侶。所以誰敢說自己是個很完美、很好相處的伴侶呢？世上沒有這種人，除非他選擇演一個好人演到死，若真如此也夠沒良心的了，因為他一輩子沒給過身邊的人真實。

我跟老公在最初也都懷抱著各自對愛情的美妙想像進入關係，我不清楚他的想像為何，但我沒興趣知道也一點都不好奇，畢竟光看我們吵架的內容就可以知道此兩人絕對是半斤八兩笨。然而進入關係之後，我跟老公都一次又一次地經歷著各自的幻滅。

既然親密關係這麼煩、這麼痛苦，又何苦進入親密關係呢？「公主王子從此過著幸福快樂的日子」這種愛情不存在，就連「問題很少、很和平、快樂遠遠多於痛苦的生活」也不切實際，那麼到底愛情的幸福在哪裡？

我知道對很多人來說，不要面對黑暗面就沒事了，在有限的人生中把最光明美好的一面展現出來，讓一切正向、圓滿地落幕不是很好嗎？這確實是個不錯的選項，但若讓我選，

我還是會選擇在關係裡經歷黑暗面的權力鬥爭。我當然也怕毀滅關係，但我想要去穿越。人都恐懼現出黑暗面會遭受遺棄，接著得面對自己不配被愛的無價值感，但若放膽一試，在經驗了這麼惡劣的彼此之後仍能夠愛在一起，這不就是幸福？不僅僅是幸福，還有褪去偽裝之後前所未有的自由。

　　我跟老公三不五時手牽手下地獄，像去觀光似的，有時繞個一圈兩圈就出來，有時一圈兩圈三百圈還出不來呢。親密關係就是一場修煉接納之旅，破除幻象之後，**對我來說所謂的幸福就是，無論在地獄繞幾圈，當我們出來的時候手依舊緊緊牽著，這就是幸福。**

結婚是兩家人的事

　　以前聽到「結婚不是兩個人的事，是兩家人的事。」都會氣炸。

　　氣什麼呢？我覺得就是因為有人一直講這爛話、傳遞這爛觀念，才會讓那些干預子女婚姻的父母對自己的行為感到理所當然。這真的太荒謬了，那是別人的婚姻啊，就算是你的兒子、女兒，也是別人啊，不然晚上是你跟他老公、老婆睡嗎？是你跟他老公、老婆生小孩、養小孩嗎？不是啊，那到底是干你什麼事？為何會覺得自己有權干預呢？

　　我見過很多要結婚的人，為了雙方家屬對婚宴的細節要

求不一而吵到不可開交，新郎、新娘本人都不介意的事，家屬介意得要命，根本沒人理會新郎、新娘的意願。到底誰是主角？為什麼別人的婚宴得要滿足你的需求？

這種時候總有人會說「結婚本來就不是兩個人的事，是兩家人的事。」我一聽馬上倒彈翻白眼，心想這個社會病了，集體陷入斯德哥爾摩症候群。

根據維基百科，斯德哥爾摩症候群（英語：Stockholm syndrome，瑞典語：Stockholmssyndromet）又稱為人質情結、人質症候群，是一種心理學現象，指犯罪案件中的被害者對於加害者產生情感，不僅同情加害者，也認同加害者的某些觀點和想法，甚至反過來幫助加害者的一種情結。根據弗洛伊德的理論，斯德哥爾摩症候群是一種自我防衛機制，當受害者相信加害者的想法時，他們會覺得自己不再受到威脅。斯德哥爾摩症候群並非正式精神疾病名詞。斯德哥爾摩症候群更傾向是人們用來掩蓋不想討論問題的假想狀態。

看完維基百科的陳述，我真心覺得斯德哥爾摩症候群不只存在於犯罪案件中，它其實無所不在吧？為了否認自己受到傷害的事實，轉而認同加害者，是多麼合理的事，我以前

談爛戀愛的時候，不想承認對方對我不好，更不想承認自己是個沒用的女人，就會告訴自己：不是他的錯，他也是不得已的啊。現在想來真的好瘋狂。

也許因為斯德哥爾摩症候群如此無所不在，導致人們將婚姻視為兩個家族而不是兩個人的事，習以為常。但我認為這種習以為常的態度加重了兒女與父母的沾黏，而且對女性非常不利。說都說是兩家人的事，但結了婚之後其實大多以夫家為主，嫁出去的女兒潑出去的水，誰跟你兩家人的事，女人在夫家做牛做馬、受盡委屈，娘家也顯少出面。總之，認同「結婚是兩家人的事」的人，我就不想跟他當朋友。

沒想到我自己結了婚之後，發現這話簡直是人類歷史上關於婚姻最具洞見的一句話，但完全是另一層次的事情。

你知道嗎？姓陳的跟姓林的結婚，一旦兩人吵起來，就像是姓陳的祖宗十八代對上姓林的祖宗十八代，兩邊祖先打起來，有時還不只十八代，兩百代都有可能。

一個人之所以會是此刻當下的模樣，絕對不只受到他自己的經歷所影響。他的媽媽教了他多少事，再加上他的爸爸教了他多少事，全都寫在他的人生裡，成為他的模式。同樣

的道理，他的媽媽也不只是自己，他的爸爸也一樣，這是個追溯不完的源頭。所以啊，只要是人，都會幹出一些莫名其妙的事，連自己都搞不懂自己怎麼會這樣，那些推動我們做出怪事的隱藏動力，是從不知道多久以前的祖先就一代一代傳承下來的。隔代遺傳可不只在身體而已，其他看不到的層面承襲了什麼，我們自己都不知道！

　　出生之後才發生的，可以歸類為教養，比如爸爸媽媽、爺爺奶奶、外公外婆、老師等人曾經給我們或明或暗的指教；而那些出生前就已經發生的，明明素未謀面卻對我們影響深遠的人們與事件，有個詞非常適合稱呼它，就是「業力」，哈哈哈……所以我常說婚姻是引爆業力的結合，不覺得很貼切嗎？業力有分善業跟惡業喔，看看枕邊人就知道自己的業力屬於哪一種（大笑）。

　　回到生活中，當一對夫妻在吵架，不只是兩個人在爭辯對錯，而是兩個家族甚至兩條血脈在搏鬥，鬥個你死我活，看看誰家的價值觀比較對。

　　從這個層次來看，「結婚不是兩個人的事，是兩家人的事」算很委婉的說法了。

　　不論是兩個人之間的權力鬥爭、兩代之間的權力鬥爭，還是兩條血脈之間的權力鬥爭，都很難搞。但人就是難搞，世上沒有一個人是好搞的，我們都在自己看不見的地方胡搞瞎搞。以前會把結婚視為兩個人的事，對於「兩家人的事」這句話感到惱火，是因為我害怕去承擔能力範圍以外的關係。簡單說，我連自己的老公都搞不定了，當然會怕要去承擔他的家族。但實際上我早就在承擔了，每一次我們起衝突，都是兩派人馬在打架，業力的短兵相接。但，如那句老生常談：危機就是轉機。每一次的衝突，如果彼此依舊選擇愛在一起，那麼這個衝突將為兩方家族創造出奇蹟般的接合。

情人節禮物

　　學生時期的我，每到情人節前夕都會很緊張，幻想著：哎呀，明天是情人節耶，要是我踏進教室發現我的桌椅被巧克力和禮物淹沒了怎麼辦？我的禮物會不會多到把同學沖走啊？怎麼辦？如果真的這樣，要報警嗎？要是上課上到一半，有人在操場大喊「楊雅晴我喜歡妳」怎麼辦？要是我不理他，他越喊越大聲，搞到最後全校都不能上課跑出來看熱鬧，然後全校師生連校長都一起吶喊叫我回應他的愛，要是這樣怎麼辦啊？哎唷到底該怎麼辦啦！

　　情人節當天，我行走的每一步都異常小心，因為我怕有

人會衝出來把我抱走，或者是學校上空突然出現直升機，降下繩梯之後把我接走⋯⋯之類。

　　每每想到這些，就覺得我能正常地活到現在簡直是奇蹟，感恩老天慈悲，沒有放棄我，願意引領我回到正軌。

　　情人節就是把所有對愛情的想像傾洩而出的日子，即使結了婚、生了兩個小孩，我還是很喜歡情人節。這一天到處都甜甜粉粉的，還可以吃巧克力、互送禮物，多好。

　　我收過的情人節禮物有巧克力、花束、小飾品、精緻的文具、衣服鞋子、自己創作的作品⋯⋯，其中印象最深刻的禮物是為我創作的樂曲跟繪畫。這種禮物實在太高段，完全打中我的心，我非常容易被藝術才華感動。收到創作會讓我心花怒放、能量大開，甚至喜極而泣！這種禮物何止送進心坎裡，而是送進生命裡，一旦收下就永遠不會忘記，且不管過了多久，想到仍會開心。但我沒有因為收到創作就跟創作者在一起，創作可以收買我的崇拜跟欣賞，但收買不了我的愛情。

　　真正進入談戀愛階段，情人節的禮物往來倒是少了，通常是一起吃頓飯、聊天散步、看場電影⋯⋯，雖平凡但我很

喜歡，對我來說這就是情人節禮物。結婚生子之後的情人節禮物就更上一層樓了，完全超越物質界，來到純精神的、無形象的境界：只要情人節當天彼此有說出「情人節快樂」就算送出與收到情人節禮物了。如果當下兩人不是處於吵架冷戰的狀態，可以來個吻，若氣氛不太妙，勉為其難說一聲情人節快樂，即是莫大的誠懇！

　　我老公應該很開心我倆的情人節已昇華至此，雙方對於禮物的期待猶如「見山又是山」那般看破紅塵，完全不用費心準備。我不知在哪聽過一段敘述，說對男人而言，挑選情人節禮物的壓力幾乎等同於被防暴警察壓制，我聽完笑到差點岔氣。送禮很講天賦的，需要觀察力好、感受力高、同理心強、美感優異……，同時擁有這些特質並不多見，所以不要說男人，大部分的人送禮都很迷惘，只不過沒收到期待中的禮物，女人通常會比男人生氣，所以才會有防暴警察一說。

　　送禮要嘛送到心坎裡，不然就送錢。這時代的錢已經快要沒有形體，送錢的範圍很廣，比如送 LINE 點數、送折價券、送禮券或者儲值。若老公幫我儲值悠遊卡讓我在便利商店買冰棒或養樂多，就算只有一百塊我也會很開心，就是個小甜蜜嘛。送錢就是把這份禮物的選擇權交給對方，讓對方能夠

依照自己的喜好選擇喜歡的東西，很貼心。

　　今年，我跟老公的第五個情人節，我一早送小孩去保姆家之後來到咖啡廳，坐下沒多久就想起與老公初識時的點滴。當時的我留著一頭耳下短髮，喜歡穿古著洋裝，一個星期跳舞兩次，因此認識現在的老公。我喜歡趁著轉圈，用髮梢以及頸間的玫瑰香氣去撩撥他，撩著撩著，沒想到竟然跟他生了兩個小孩。

　　結婚三年，女兒剛滿兩歲，兒子剛滿六個月，正過著水深火熱育兒兼工作的日子。在二月十四日這甜蜜的日子裡，除了一句「情人節快樂」，我還渴望其他禮物嗎？想了又想、想了又想……，有耶，有一樣東西我好想要得到，不僅渴望它，也需要它。然而這個禮物大概只有老天能給我了。

　　「親愛的老天，請賜我一副熱戀濾鏡，讓我在磨人的婚姻日常裡，仍保有當初中邪一般的少女心，眼中只有這個男人的好。」

　　「等等，親愛的老天，可以的話請給全天下終成眷屬的情人都來一副吧。」祝大家幸福美滿。

（我好需要這個濾鏡，快賜予我）

Part 2

家庭樂章

親愛的女生，

人生在世就是要勇往直前，別讓任何事耽擱與阻撓，連原生家庭也不行。

請允許自己長大、長力量，在家庭關係的受困中過關斬將，愛他們、感動他們並向他們承諾會帶領他們到更好的地方。

扭轉妳不想承襲的一切，就可以為自己贏回人生。

自己的父母 自己愛

　　戀愛銜接到婚姻，最後一道關卡通常是父母的祝福。這事在歐美國家可能沒那麼難搞，但在我們的文化裡，小孩跟父母的關係大多很沾黏、沒什麼界線，所以婚前取得父母的認可與祝福就變得非常重要。

　　有些人想結婚，但爸媽不點頭，要嘛擺明不支持，不然就用迂迴戰術拖延表態。爸媽會這樣做，是因為不信任孩子選的人夠好，也不相信孩子有能力經營婚姻，以愛為名的看衰，實際上是不想放手讓小孩離開。

　　至於小孩呢，因為很習慣處於這種不被信任的位置，通

常不會多做掙扎，就直接把討好爸媽的工作推給男朋友或女朋友。叫他積極點送禮物、嘴巴甜一點、幫忙做家事、講爸媽喜歡的話題……，有的沒有技巧都傳授給對方，為的是讓他能夠順利完成任務。

　　這是很自然的事，似乎也理所當然，但如果可以的話，自己搞定爸媽還是比較幸福一點。

　　我當初帶老公（那時還是男友）回我家之前，已經先讓家人都認識他並信任我的選擇，才風風光光把男友帶回家。我可不想帶一個男人回家，卻要他來幫我解決我不被家人信任的窘境，我不要讓他被任何人質疑夠不夠格，所以我一定先自己搞定家人，才迎接他進家門。我要我的男人以一個被信任、被肯定的狀態踏進我家，收我們的愛而不是來收我們的問題。

　　對我來說，這很重要。我尊重我的家人，也尊重我的男人。

　　尤其若是以結婚為前提把愛人介紹給家人，那就更要先搞定自己的父母。因為不管要不要生小孩，結婚就是成立了自己的家庭，如果你搞不定自己的父母，那意味著你在原生

家庭中沒有力量，仍被視為小孩，那麼就算你成立了自己的家庭，父母也不會因此把你當大人。在這種情況下，父母插手你的生活是家常便飯：要不要買車、買什麼車、家裡的擺設、假日要做什麼、三餐該怎麼吃……，連做愛怎麼做才會受孕也搶著教你，他們不會管你要不要聽，因為你是小孩子，不懂事嘛，聽大人的話天經地義啊。

而如果你的婚姻得靠伴侶去幫你爭得父母的同意，那麼比起你，你父母會更聽他的話。

這事看來沒有什麼大礙，但實際上挺不妙的。搞不定父母的小孩，大多從小就備受控制，長大之後即便功成名就，在父母面前仍抬不起頭來，因為永遠都不夠好。

這種無價值感會帶到婚姻裡，讓你在面對伴侶時很容易陷入卑微。面對伴侶的時候感覺自己矮一截，已不是件舒坦的事，回到原生家庭還要面對「父母信任你的伴侶比信任你還要多」的局面，人生不苦嗎？超苦！在原生家庭不受尊重，在伴侶面前也不敢展現真實的自己，怎麼活啊！煩。

不僅如此，若這段婚姻是靠伴侶去爭得父母的同意，你

就算腦袋覺得自己好幸運、遇到好棒的伴侶，內心深處仍會愧疚，因為當你的伴侶很倒楣，還要幫你搞定家人；另一方面，你把問題交給伴侶，就是把力量交給他，正因為你沒有力量，才需要他去幫你搞定父母，若他真的搞定了，你就失去在這件事情上迎回力量的機會，而落入在婚姻裡依賴的那一方。**幸福的婚姻是雙方能夠互相「依靠」，而不是輪流「依賴」**，尤其某一方特別依賴，這段關係就會失衡，兩人都辛苦。

我們生在一個與原生家庭關係深厚的社會裡，雖有較多糾葛，卻也有較多創造愛的機會。尤其若能夠跟父母愛在一起，是很幸福的事。

我父母對我很好，所以我的家庭課題比較少戲劇性的衝突，這一點我非常感恩老天，但在我接觸過的生命故事裡，折磨子女的父母可不少。遇上難纏的父母，擺爛也不是，不愛也不是，不如奮力一搏，想辦法過關吧。

結婚，是要從原生家庭畢業，去開創屬於自己的家庭，若能在結婚前搞定父母，你的心會安定、穩當，沒有虧欠也沒有推罪。倘若能鼓起勇氣斬斷糾葛，取得父母的祝福，然

後把這份來自源頭的愛帶到你即將成立的家庭裡，豈不是很美妙的事嗎？這就叫贏在起跑點上。

　　別讓你的伴侶幫你愛父母，自己的父母自己愛。這個婚前課題不好做，但做了，就有幸福。

健康快樂

祝你們

每個原生家庭都有自己的難處，那些所謂的難處大多來自小孩與父母之間對於愛的期待無法取得共識，然後陷入「你不夠愛我」的糾葛之中。

說真的這世上什麼糟糕的父母都有，我們先不討論最糟的那種，我們聊有一點點糟的父母就好。比如一天到晚情緒勒索、控制、不尊重小孩、無情、暴力……這種的。

其實，若你只是一個旁觀者，你會很同情甚至心疼這種父母，因為他們顯然從小到大沒被好好對待過，有了自己的小孩之後當然拿不出什麼像樣的愛。但站在小孩的立場，「我理當是要被愛的，如果你們沒有要愛我，為什麼要生下我？」

　　然而事實是，很多父母把小孩生下來，只是因為年紀到了就結婚，時間差不多了就生小孩。他們本身根本沒有什麼愛，把自己活得像個殭屍一樣。喔不，現在以殭屍為主角的電影跟影集越來越多，殭屍已經有情感、有人性甚至有愛了，相較之下那些為生而生的父母，可能比殭屍還麻木。

　　你怪他們也沒有用，他們之所以比殭屍還麻木，總是有原因的，大多跟原生家庭有關，他們是各自原生家庭中的受害者，甚至犧牲品。總之，你在他們身上要得到理想的愛與幸福，是不可能的。

　　另外一個比較好的狀況是，父母確實是出於愛而把小孩生下來，他們非常喜悅你的到來，也摩拳擦掌準備了一切，想要好好愛你、寵你、教養你。但等你真的出生之後，父母才驚覺：原來養小孩這麼難／原來我無法成為一個好的爸媽。這種挫敗感還不是一天、兩天，有時是一輩子。

　　我們誠實地看待父母的處境，想像一下，倘若你的爸媽這輩子沒被尊重過，你當然很難從他們身上得到尊重，因為他們在小的時候也不被父母尊重，而長大之後就算有別人尊重他，他也感覺不到尊重的價值。你也許會控訴爸媽：「既

然知道不被尊重的痛苦，為什麼還要這樣對我？」

爸媽當然知道不被尊重很痛苦，但他們的困境就在於對此無能為力。這種事用說的很簡單，若你從未體驗過平等，你能夠平等對待他人嗎？不，你不能，你也許可以上網去查什麼是平等，你也可以去上課學習如何平等對待別人，但你就是會在無意識的時候對人不平等，連你自己都無法控制。如果你很勤奮認真地鍛鍊，或許你平等待人的機率會越來越高，但不要以為這是一件容易的事。

你覺得當這種父母的小孩很倒楣，為何別人的父母會尊重小孩，而我的父母卻辦不到？於是再次控訴：「這不公平，你們害我沒機會學習尊重。」這控訴是合理的，罪行也成立，但沒有人可以賠償你，法律的世界可能還有些公平正義可循，但在愛的世界裡，你就算提出罪證確鑿的傷害與賠償方案，仍一點用也沒有。你的父母能給的就是這樣。

大多數的父母已把能給的都給了小孩，而小孩不想接受的事實也正是如此：你們已經盡力了，卻只有這樣、這麼爛。因為無法接受，所以無法死心，小孩們總是不停地花大把的心力去改變父母，盼望著終有一天能夠從改造後的父母身上

得到夢寐以求的愛。這個策略的成功率微乎其微，簡單說，小孩終其一生都在跟父母要父母給不出的東西，並堅持受害於此。

我們都會怪罪父母。你們沒有把我生得夠好看，所以我沒自信；你們不支持我學才藝，所以我都沒有才藝；你們做生意一天到晚賠錢，害我對經商沒有信心；你們沒有給我幸福的家庭，所以我的親密關係一直無法順利……。因為你們給我的不夠好也不夠多，所以我沒有辦法擁有好的人生。每一個我不幸福背後，都有爸媽的罪狀。

事實上，這是一個代價大到離譜的報復，小孩總是無意識地用自己失敗的一生來證明父母給的愛不夠。不覺得很荒唐嗎？我們寧可賠上人生，也不願意接受「父母能給的就是這樣。」

如果父母不改變，我們就沒機會擁有幸福的生活嗎？當然還是有機會，但需要勇氣、智慧，還有承諾，承諾自己要長出力量，成為家庭的領袖。我們已經是二、三十歲甚至四十歲的人，早該輪到我們帶領父母了。一個家庭裡的小孩都來到壯年，那麼小孩就是這個家的領袖。任何領袖都會輪

替，小孩成年之後就要明白自己即將成為家庭的領袖，而不是到六十歲還在當小孩、受害於父母。

帶領父母，用蠻力、用收買、用威脅利誘都沒有用，想想看，你爸媽以前這樣對你，你是否也不買單？帶領父母，是要接納父母，愛他們、感動他們並向他們承諾會帶領他們到更好的地方。若你覺得爸媽對你不好，所以你也不爽對他們好，那就不要勉強自己。你可以遠離爸媽，但我們誠實地看，大底下沒有幾個小孩眼見父母過著不幸福的生活，能夠沒有罪惡感。光是背負那罪惡感，就足以讓你沒有力量創造你要的生活。

所以，越是遇上不負責任的父母，小孩就越是無論如何都要有力量、有辦法、有愛，否則這輩子不好過。做人是不是很難？是，但既然投胎一遭，就瀟灑一點把功課做一做再走吧。

帶領父母不是一蹴可幾的任務，所以我們要從最簡單的小事情改變起，就像重新播種那樣，在最基礎的細節裡不著痕跡地扎根。首先，就是盡可能地融化你的控訴與怨恨。

若跟父母的關係不好，見面時大多不會有什麼好氣氛，

所以要從不見面的時候改變起，尤其若是面對長時間沈浸在地獄裡的父母，若自己沒有幾兩心力，絕對不要太常去攪和，要為自己畫出一個安全範圍，求存為重。

在不見面的狀況下，感覺一下自己想起爸媽時的心情，是焦慮、無力感、嫌棄、愧疚、厭煩、怪罪、還是惱怒？怎麼想都是負面情緒對吧？從今以後試看看，在負面情緒之後好歹給出一個祝福：「爸爸，媽媽，我祝福你們越來越健康、越來越快樂。」

不要小看這個祝福，感覺是可以練習的。倘若你每次想起父母都是一堆糟糕的感覺，那麼對你來說父母就等於痛苦，而當你跟父母見面或講電話時，你內在全都是愧疚、沈重、無力感，想也知道你的臉色跟語氣都不會好到哪去，散發出來的氣息肯定也很消沈。

但從今以後多一個祝福，那小小的祝福就會扭轉內在的感覺，父母給你的感覺原本是百分之百的痛苦，現在會變成百分之九十八的痛苦加上百分之二的祝福。百分比會慢慢改變，當你很習慣在想到父母的時候祝福他們健康、快樂，父母在你的感覺系統當中就不再等於全然的痛苦。漸漸地，你的眉頭會鬆、肩頭會平，嘴角可能不會上揚但是至少不會咬

牙切齒。接著下一次跟父母見面時,你內在所挾帶的那一點點前所未有的放鬆,就會是奇蹟介入之處。

即便父母已經過世,這樣的祝福依然有用,因為你的感覺變了,命運就變了。試看看,好好祝福你的父母:「親愛的爸爸,親愛的媽媽,謝謝你們生下我,我祝福你們健康、快樂,我祝福你們幸福。」

爸媽不支持我

　　我有很多讀者受困於不被爸媽支持的痛苦之中。不管是事業、愛情、夢想、居住城市、大學志願……，還是小至中午要吃什麼這種瑣事，只要得不到爸媽的支持與認可，挫敗感就會像海嘯一般襲來。

　　爸媽的支持與認可就像金鐘罩，可以為我們罩出一張安全網、一身鎧甲、一個天堂。任何事只要得到爸媽的支持，起跑點就贏了一大半。「生我的人說我可以，那我一定可以」，這是一種無與倫比的力量。

　　但有些爸媽就是講不出半句正向鼓勵的話，只會唱衰，

怎麼辦呢？噹啷，孟子曰：天將降大任於斯人也，必先苦其心志，勞其筋骨，餓其體膚，空乏其身，行拂亂其所為，所以動心忍性，曾益其所不能……。恭喜你擁有非凡的人生，這一生只要你能夠跨越父母關卡，必是不可多得之社會棟樑。

誠實地說，大部分的爸媽活到這歲數，已經不會想要改變什麼。改善親子關係這種事，如果你有所渴望，靠自己絕對比寄望爸媽有效兩百倍。他們現在最大的心願就是：小孩賺錢給我花，感恩我、關心我、侍奉我，其他的我沒興趣，我都那麼老了，叫我改變不如要了我的命。

對於你的夢想、事業、愛情、中午吃什麼……，有時候爸媽就是想反對跟唱衰，他們自己都說不出為何，也許是小時候也沒人支持他祝福他，所以長大之後不知道怎麼支持別人，總之他們就是沒辦法認可你的選擇，更沒辦法祝福你。

然而沒有爸媽的支持，我們就無法完成夢想嗎？沒有爸媽的支持，我們的事業就不能成功嗎？也未必。能夠得到父母的愛、支持與祝福當然是最好的狀態，媽媽的支持就像有兩萬大軍在身後，若爸爸也支持就再加兩萬大軍，但少了這左右各兩萬大軍，我們依舊可以開疆闢土，辛苦一點就是了。

成功人士的勵志故事不都這樣演的？沒人看好他，大部分的人都不支持他，他依舊成功。

既然得不到爸媽的支持，接受自己基本盤沒有幾萬大軍，那就從招兵買馬開始吧。選擇全力以赴，不推罪給任何人，或者用餘生去賭看看爸媽會不會變成理想中的樣子。

其實，以我們的年紀與能力，若早點覺悟，絕對已經創造出理想中的生活，而不是仍在怪罪父母。但我們通常不願意這麼做，因為積怨已久、糾葛太深，沒有從爸媽身上得到自己認為應得的，心中無法平衡，就這樣轉眼間人生已過了大半。多少人到八、九十歲，進棺材前一刻還在說：「因為我媽媽沒教過我什麼是愛，所以我這一生才會這個樣子，抱歉。」

只要我們還把自己放在受害於父母的位置，我們就還是小孩。受害於父母的小孩，要嘛人生願景是「我絕對不要跟爸媽一樣」，但從來沒成功過，要嘛沒願景。

爸媽有爸媽的人生，他們養小孩的方式，就是總結他們人生之後對自己的評價之精簡版；但小孩也有小孩的人生，不要只是「我不要跟爸媽一樣」、「我要比爸媽好」、「我

要證明給爸媽看」，繞來繞去都是爸媽，永遠都在用爸媽的價值觀衡量自己，又怎能不活成爸媽的翻版？

　　三歲的時候任爸媽擺佈是情有可原，但三十歲了仍任爸媽擺佈是放棄為自己負責任。三歲的時候怨爸媽不給我做這個、不給我學那個，是無可奈何；三十歲了還在怨爸媽不讓我做這個、不給我學那個，是一種報復，因為心裡的話語是這樣的：「爸媽把我教得這麼沒力量，我就鳥給你們看，還怪在你們頭上。」

　　如果不想活在父母的陰影之下，就要活得比父母大。爸媽可以養我二十年，但我養不起爸媽二十年，若真如此被視為小孩實在是剛好而已，有什麼好抱怨？

　　人生在世就是要勇往直前，別讓任何事耽擱與阻撓，連父母也不行。長大、長力量，過關斬將。

　　試看看，若**老天沒給你一對願意支持你的父母，那就換你當個願意支持父母的兒女吧，由你來愛他們、接納他們、滿足他們……，藉此扭轉你不想從他們身上承襲的一切。**過程保證有痛苦，但絕對沒損失。

要錢不要愛

　　朋友 TT 常因為逢年過節包給爸媽的紅包太小包被冷言冷語：「出社會這麼久才這樣？」、「養你這個沒路用的。」每次聽到這種話，TT 的心都碎成粉狀，風一吹了無痕（冷）。

　　平時噓寒問暖、一片真心都沒有用，只要紅包太小包就被嫌到沒尊沒顏，難道爸媽要錢不要愛嗎？其實也不是，會這樣是因為有些父母只會用錢來衡量一個人成功與否。如果你很有錢，就表示你很成功，同時也意味著他是個成功的父親或母親；反之若你很窮，就表示你是個魯蛇，父母便會為此感到挫敗，若他也將自己看作魯蛇，挫敗感就會加倍，心想：「魯蛇我本人果然也只能養出魯蛇。」

　　「用錢來衡量一個人成功與否」是偏頗的，但很方便。

不是只有爸媽這麼做，大部分的人都這麼做。為什麼會這樣呢？想想你的爸媽，在他們成長的過程中沒什麼人在乎他的天賦才華，更沒什麼人關心他真實的模樣，他們被評價的唯一標準就是在校表現，尤其是考試成績。「你兒子今天考試一百分。」、「你女兒在學校很聽話。」被老師誇就是好學生，被老師罵就是壞孩子。

　　對他們的父母來說，孩子好不好老師說了算啊，不然呢？我一介草民凡夫俗子實在也看不出這孩子哪裡好，小孩不就是吃飯、睡覺、玩，哪有什麼天賦才華？

　　爸媽的爸媽就算生了貝多芬，也會把他當成音癡來養。事實就是這麼殘酷，用單一價值觀抹煞天賦才華的惡劣模式一代傳一代，沒有人是故意的，但所有人都受害。一個人在成長過程中從未被鼓勵發揮天賦才華，而只能被乖不乖、成績好不好來評價，他長大之後當然也就這樣對待別人，包括自己的小孩。你對色彩很敏銳、身體協調性特別好、有藝術天份、對利潤很有概念是個天生的商人、洞察力過人是個天生的企業家……這些細膩之處爸媽都無法察覺，你不要指望他們當你的伯樂，因為他們在很早很早以前就已經遺忘了自己的天賦才華，所以也沒有能力看出別人的天賦才華。他

們一生追求的是社會大眾的成功標準，而最普遍的標準就是錢，錢賺得多的人就是成功的人。

他們看不出其他的端倪，所以你一個月給你爸媽十萬塊，你是成功人士，你一個月給他們三千塊，你是魯蛇。邏輯很簡單，但很折磨人。而你是成功人士或魯蛇，又決定了爸媽的自我價值。

爸媽不是只愛錢不愛你，而是他們想要感覺自己是個成功的父親與母親，這跟愛不愛你並不衝突。愛或不愛真要衡量很複雜，且通常沒這麼一翻兩瞪眼，但如果你想要在這件事情上尋得內在和平，最圓滿同時也最划算的方式，依然是去賺錢：卯起來賺，賺多一點，讓自己能過安心舒服的生活，同時也榮耀你的父母。

TT 就是這樣，過去他除了逢年過節紅包太小包而被父母嫌棄，在節日之外也會因為付孝養費的日子到了卻沒有馬上匯入款項，就接到討錢的索命連環 call。這種日子實在不好過，他曾經想過乾脆人間蒸發算了，讓父母再也找不到他。但逃到天涯海角也逃不過罪惡感魅影般的糾纏，他一想到父母終有一天會離開人世，而在那一天到來時他得要面對自己

拋棄父母的事實，就感到愧疚不已。

　　後來 TT 還是認命地去賺錢了。他訂下了新的孝養金目標，也訂下了新的紅包數字，並給自己明確的期限去完成。一開始咬牙切齒、痛哭流涕，但在這賺錢的過程中，他發現自己越來越有力量，過往不情願付的錢，現在輕而易舉就能給予。

　　有錢之後，父母對他尊重許多，親子關係好多了。看破紅塵的 TT 說了一段至理名言：「我以前覺得我爸媽只要錢不要愛，但我後來發現，錢就是愛。我爸媽這麼在乎錢，只要能收到我的錢就會感到安心、感覺自己有價值、感覺被愛，那我付錢就可以愛到他們，其實很簡單。我現在覺得自己很幸運，我很感謝他們給我賺錢的動力，讓我這麼會賺錢；我很感謝他們願意收下我的錢，讓我用錢愛他們。」

我們生在一個與原生家庭關係深厚的社會裡，
雖有較多糾葛，卻也有較多創造愛的機會。尤
其若能夠跟父母愛在一起，是很幸福的事。

養兒子

　　重男輕女社會最大的因果業報，就是養出一堆誤國的媽寶。

　　很多重男輕女的母親自己服侍兒子還不夠，叫女兒也要服侍兒子。家事女兒做，沙發兒子坐；碗給女兒洗，吃飯兒子先吃。三十年後女兒什麼都會，能幹得不得了，在外工作叱吒風雲；兒子在家一事無成靠父母養，連煮泡麵都嫌麻煩。

　　為什麼要這樣糟蹋生命？我指的是兒子。女兒們雖然看起來比較可憐，但她們實際上比較有力量。畢竟打從出生就在重男輕女家庭裡生活，苦歸苦，卻也因此被鍛鍊成生存大師。至於心理創傷的部分，女兒們也相對幸運，因為現代人越來越重視身心靈，相關書籍、課程非常多，只要能夠意識

到自己的心碎，不怕沒管道療癒。

　　但那些兒子們，是真正的弱勢，受不起傷、禁不起鍛鍊，腳是軟的，心是玻璃做的，世界這麼大，只能活在媽媽眼下。而且表面上他們是處於權力優勢的一方，比較不會意識到自己有問題，當然就不可能求助。

　　寶貝兒子寶貝兒子，多少母親為了生兒子無所不用其極，好不容易生出來之後卻養成廢物。一個靈魂選擇投胎成為人，多麼可貴，別這樣糟蹋。在自己生兒子之前，我是沒辦法接受這種事的。但不巧我生了一個顏值足以拍廣告的兒子，每天看著他，看著看著……，兒子還不到一歲，我本身已經誤國了。兒子長長一條口水從嘴角流到膝蓋，也那麼可愛，連屎都是香的。我的心好亂啊，這麼可愛，不寵嗎？不寵我食不下嚥啊。唉呀呀呀煩死人了，我本來是要撻伐媽寶跟媽寶媽的，現在只感受到滿滿的同理心與逃避心。

　　養寵物就沒這種煩惱，輕鬆多了，寵物就是拿來寵的，牠們不需要去食物鏈裡廝殺，不像小孩遲早都要野放入社會，寵物的無能就是一種貢獻，是人類社會裡偉大又特殊的存在。

　　欸欸，兒子又在燦笑了，百分之百天使與惡魔的合體之

笑，一邊融化我，一邊誘惑我軟弱，好可怕怎麼辦？兒子深情地爬向我，延著我的小腿爬到我懷裡，用奶音搭配水汪汪的大眼叫媽媽，哎唷喂……。

「親愛的兒子，誰讓你吃苦受挫我就殺誰。」我淪陷了，我的立場已隨風飄散。

媽寶誤國，媽寶媽更誤國。但戀子情結一發作哪管得了那麼多？我心裡想著要殺掉所有欺負我兒子的混帳，腦裡浮現的卻是我的寶貝兒子長大成人之後，三十幾歲了還住家裡，因為租不起外面的房子，好不容易交了一個女朋友，帶回家過夜，隔天早上女朋友起床做早餐，他在一旁幫不上忙就算了，還問我：「媽，牛奶放哪裡？」

天啊，我先殺掉自己好了。

人生好難。生個女兒內心戲已經演不完，生個兒子分裂人格都出籠了。母親對兒子的依戀與控制，是局外人無法體會的，尤其在重男輕女的社會裡，更加糾結。過去的社會，生了兒子的母親才抬得起頭在夫家活下去，她又怎能不把盼望寄託到兒子身上？「兒子好我才可以好」這勒索從卵子受孕的那一刻就開始了。

　　看看現在，儘管重男輕女的情形減輕許多，仍有許多遺毒留在意識深處。拿我自己來說，我很清楚自己愛女兒也愛兒子，但當我同時看著兒子與女兒，我可以感覺到我想從兒子身上得到的，比從女兒身上得到的更多。那種感覺難以言喻，兩個孩子我都愛得不得了，但對兒子就是多了一分索取。

　　毫無道理，但它就是這麼自然而然地存在，猶如靈魂印記似的，沒有人教我，但我就是會。每一次我覺察到自己對兒子的索取，就彷彿跟歷史上所有重男輕女的母親們連上線，我懂她們在想什麼，且我深刻明白自己跟她們是一體的。

　　真是歷史共業。

　　生了兒子才明白，除非媽媽本身非常開悟，否則養出媽寶就跟呼吸一樣理所當然，因為母親都會索取兒子。那份索取透過行動表現出來就是控制，溺愛也是一種控制，你把一個人寵成廢物，他沒有你就不能活，這就是控制。

　　以前的社會，成功沒有女人的份，女人的成功就是讓男人成功。如果權力、資源與榮耀是一把生存之槍，槍是在男人手裡，而且出生就帶來了（帶把的）。但現在的社會，全天下的女人都佩槍，而且她們的槍是自己賺錢買的、自己研

發的，甚至自己做出來的。

　　歷史的流，細看從未公平，但遠看絕對是平衡的。重男輕女的觀念摧殘女人，卻也把女人的力量喚醒，重男輕女時代除了媽寶以外的另一項產物，就是無所不能的女人。

　　現在的女人，誰還乖乖讓你歧視？別傻了，若你輕蔑一個女人只因為她天生沒屌，等著吞子彈吧。

　　在女神時代出生的男孩，已經走過了人類歷史漫長的蹂躪女人的業力，他們必須明白不能再與女人打仗，唯有平起平坐、交互依靠，才有幸福。而在這個時代養兒子，需要十足的智慧與洞見。我看著兒子，充滿幹勁。我承諾，我會鍛鍊出強壯的身體、堅毅的心意、開悟的性靈……，於身、於心、於靈我都要能夠帶領他。說真的兒子才一歲，我還搞不清楚該做些什麼、能做些什麼，但也因為兒子才一歲，所以我還有時間學習。雖然搞不清楚作法，但我很明白教養的重點：我不是要學習當一個好媽媽，我是要成為有智慧的人。這件事不論何時開始都來得及。

　　有兒子的媽媽們，一起練功吧。練出我們的智慧與洞見，帶領這些男孩成為女神時代裡萬中選一的男神。

揹著媽媽走天涯

大多數人都嚮往「揹著包包走天涯」的生活，但實際上我們過的生活是「揹著媽媽走天涯」，當然啦，揹著爸爸的也有，但揹媽媽占大宗，我們就用媽媽來代名吧。

不快樂的媽媽，每天都在緊抓小孩。而小孩呢，若不照顧媽媽、不留在媽媽身邊、不滿足媽媽……，會充滿罪惡感卻不敢逃跑，因為心知肚明就算逃到天涯海角也躲不過自我鞭打：「我真是個糟糕至極的小孩，竟然遺棄生下自己的母親。」

可是我們要誠實地面對這個真理：「只有自己可以毀了

自己的人生。」小孩如此，父母亦然，每個人都要為自己的人生負責。很多父母因為沒有能力為自己創造幸福生活，就推罪給小孩，讓小孩成為代罪羔羊。而小孩很妙，不管爸媽丟什麼給他們，他們都會收。有些小孩會用自己的失敗來分散爸媽的焦點，讓爸媽不要把焦點放在彼此身上；有些小孩會對家裡的狀況擺出抽離、不在乎的態度，實際上是關上心門、無法與人真正連結，付出了極大的代價。

總之只要救不了爸媽，小孩就無法允許自己幸福。被勒索的小孩哪敢幸福呢？一想到媽媽在苦海，連跟朋友吃一頓高級的餐點都有罪惡感，因為媽媽沒吃到；出國旅遊看到美麗的風光，想著媽媽在台灣家裡厭世，就覺得自己好不孝。

出於這種罪惡感，孩子到哪兒都要帶著媽媽一起，就算媽媽沒出現，也會把媽媽的影子揹在背上。即便嘴巴忍著不講，心心念念都是媽媽，只要媽媽不願意快樂，自己的人生就無法解脫。被媽媽勒索的女兒常交不到男朋友，因為開口閉口都是媽媽，焦點都在媽媽身上，男人也會怕啊。

到底怎麼辦好呢？不是不能救媽媽，但得有個先後順序。如果你已經被榨乾，就得先為自己拉出界線，跟父母保持距

離一陣子，把自己的力量養起來再回去救人。

　　比如你為了照顧媽媽，已經五年沒有連續睡超過三個小時，那麼請無論如何要想辦法尋求協助，否則你會先死掉。就是這麼簡單的道理，小學課本不是教過嗎？救溺水的人之前要先衡量自己會不會游泳，這一課我印象很深刻，課文還搭配彩色示意圖！

　　當壓榨的苦果展現在身體健康等的外相層次，我們很容易就能夠覺察，也比較好脫身。自己生病而不得不離開媽媽，跟身體好好的卻不照顧媽媽相比，生病比較沒有罪惡感，對其他人也好交代。生病是個被動卻強而有力的理由，能迫使我們離開眼前的狀況。

　　但若這份壓榨在內在層次，我們通常選擇隱忍與忽視，因為心碎、心死並沒有立即的危險性，既不容易覺察也不容易面對，就算覺察了，也會怕外人不諒解而不敢張揚。然而，心碎心死的代價就是沒有愛了，不論是對媽媽、對自己或者對任何人，都沒有愛了。留在媽媽身邊照顧她，是為了告訴自己與世人「我有盡到做兒女的責任」，實際上我們早已不是孝子，我們只是需要演一個孝子來贖罪。

　　長遠來看，為了能夠真正地愛到父母，把自己從勒索裡拔出來是必須的，保持距離，以策安全。這不是遺棄，這是策略。如果你下了一個願景，這願景是跟父母愛在一起，那麼在過渡階段拉出界線就是策略，不是遺棄。你要比你的父母更清楚願景該怎麼達成，然後老老實實地把自己的力量養大，再回去回饋。你要有錢、有愛、有智慧、有力量，能夠孝養父母、榮耀父母，並且接納他們、感恩他們，這才真正有機會救到你的父母，或者說愛到你的父母。而不是以一個受害、渺小的姿態無奈地活著，像個殭屍。

　　父母要為自己的人生負責任，兒女也是。天下多少父母自己創造不了幸福人生，就推罪給兒女，兒女雖看似可憐，但實質上也以一模一樣的推罪，架著父母的勒索，把自己活爛。為什麼甘願活爛？怎麼可以？就算是為了父母，也不值得。父母最終都是希望兒女幸福的，若非如此，是父母的問題。

所以呢，每當你沒有勇氣離開父母的勒索時，想想若到了父母要離開人世的那一天，你覺得他想聽到你對他說的最後一句心底話是「媽／爸，為了你，我葬送了我的人生」，還是「媽／爸，我這一生很幸福，謝謝你」。

罵人文化——愛牽拖的

我曾聽過有人在盛怒之下大罵「我X你祖宗十八代！」，隨意數了一下，欸，十八代很多耶。這罵法好有野心，不僅罵當事人，還要連爸爸媽媽、爺爺奶奶，甚至是祖宗十八代都罵進去。其實，生活中最常聽到的罵人詞句，十句有八句都問候對方直系血親尊親屬，到底罵人為什麼要這麼忙？火力全開對準個人進行人身攻擊不好嗎？

我想了想，覺得這跟家庭文化很有關係。我們跟原生家庭非常緊密，緊到不管幾歲，都仍是爸媽的小孩。我們其實從沒真的把一個人（即便已成年）視作獨立的個體，在我

們的觀念裡，一個人的所作所為永遠都有一部分是父母的責任。三歲小孩搶東西的時候打人，大家怪罪爸媽沒把他管好；三十歲的成人搶東西打人，大家還是怪罪他的爸媽沒把他管好。

　　若從這個角度來切入，罵人當然不能只進行獨立個體的人身攻擊，一定要把爸媽爺奶全部牽連進來，才算是功德圓滿，全家都有羞辱到。所以罵「我 X 你祖宗十八代」，其實不叫牽拖，叫周全。而且，用「代」來概括沒有人會漏掉，整條血脈都罵進去，是非常大器的罵法。

　　罵父罵母罵爺奶之所以效益如此高，是因為被罵的一方通常都會買單。作為被罵者，自己受辱倒還好，但波及到爸媽或其他家人就很容易理智一秒斷線。

　　我看過的唯一一場世足賽，是二〇〇六年法國對義大利的冠軍賽。台北時間七月十日凌晨，法國與義大利勢均力敵、難分勝負，進入了延長賽。上場之後一直十分沈穩的法國隊長席丹，在延長賽結束前十分鐘，突然給了義大利球員馬特拉吉一記重重的頭槌。馬特拉吉應聲倒地，裁判對席丹亮出紅牌，將他驅逐出場，失去領袖的法國隊無法提振士氣，最

後以三比五輸給了義大利。

　　那是席丹最後一場世足，他即將在賽後退休，這原本是個光輝榮耀的時刻，誰想得到竟然會由一個哨聲、一張紅牌為席丹的足球生涯劃下句點？席丹是全世界最優秀的球員之一，在球場上被挑釁對他而言不過是小菜一碟，Hold 住不動怒是基礎本事。馬特拉吉到底說了什麼，讓一向冷靜堅毅的席丹在這個不論是對自己、對國家、對全球足壇都相當關鍵的賽事之中失控，付出巨大的代價？隨著雙方事後簽訂的保密協定，真相只能任人揣測流傳，成為世紀之謎。

　　但席丹在三天後的記者會上稍微透露，馬特拉吉多次侮辱他的媽媽與姊姊，才讓他忍無可忍，他一點都不後悔賞馬特拉吉一記頭槌。 聽完席丹的說詞，大多數的人都很能夠同理他的憤怒與反擊，儘管對比賽結果感到惋惜，卻仍然選擇站在席丹這邊，支持席丹的決定，譴責馬特拉吉的惡行。

　　由此可見，不僅罵人者看得見我們與父母之間未剪斷的臍帶，我們也把自己視為父母的延伸與責任。這真是甜蜜又沈重的連結。

　　另外，大家應該都發現了，罵母比罵父的比例高出許多，

這一點全世界都一樣。我們當然可以說媽媽很衰，這個世界很不尊重女人，世人怎麼這麼賤。但我覺得世人不是單純賤，應該說是很精。全人類的潛意識有著共同的默契，就是呢，儘管知道爸爸也有參與生小孩，但媽媽才是那個源頭，所以還是罵媽媽比較有威力，比較一語中的，就效率來說罵媽媽比較划算。看清了這一點，我想我將來會告訴女兒跟兒子，若有人罵髒話的時候罵到媽媽，不用跟對方生氣，雖然那人表面行為偏差，但隱藏的觀念算是滿正確的。

聊了這麼多，最重要的是，在罵人者與被罵者雙方的加持之下，罵父罵母罵祖宗十八代的文化應該會繼續傳承下去，不成問題（歪）。

母系族譜

　　記得第一次看族譜時，發現某幾位祖先的名字很文雅，心裡感到有些得意。雖不知那名字背後是個什麼樣的人，但能取那樣的名字，肯定不是粗俗人家。

　　落落長的祖先名字，我越看越感神聖，只要拔去譜上任何一個名字，我就不存在了。想像一下那漫長的歷史，真是不可思議，從一個人變成一個家，然後再變成一個家族，最後變成一系血脈。「我跟族譜上的每一個人都有關係。」意識到此事，我不禁起雞皮疙瘩，族譜能夠提醒一個靈魂：我選擇了什麼樣的家庭來投胎。

　　但看著族譜上媽媽的名字，總有種落單、附屬品的感覺。

除了我們和爸爸，媽媽明明有她自己的家人，但她的家人沒有在上面，族譜並未記載媽媽的爸爸，也沒有媽媽的媽媽。那個每天跟我生活在一起的外婆沒有在上面，讓我有點不高興。搞什麼啊？男方有一整顆樹，誰是誰的根、誰是誰的種，清清楚楚，女方的脈絡卻不可考。

現在有了女兒的我，想到女兒跟我、媽媽、外婆不會同時出現在一張族譜上，也滿不高興的。

母系的族譜在哪？這世上哪個地方有母系族譜？我有時會想這個問題。但就只是想想，沒做什麼研究，也沒去尋找答案，直到某天夜裡……。

女兒咪哈突然從睡夢中驚醒，望著天花板大叫：「不要！我不要！我不要跟你玩，我不要！你不要過來！」她邊哭邊用兩隻小手猛力揮打。

想也知道有東西在煩她，小孩跟動物一樣是通靈的，他們還沒被小我遮蔽，什麼都看得到。

我抱著咪哈，瞪著天花板，一邊深呼吸一邊匯聚能量，幾秒鐘後，射出一個無聲但強而有力的意念：滾！

很快地，咪哈的呼吸逐漸趨於平穩，再度睡著了。我輕

　　輕收回臂膀，為她蓋好棉被，衝到客廳拿了杜松漿果精油（驅阿飄）、岩蘭草精油（踏實接地氣）、檀香精油（靈性轉化）、檸檬草精油（空間除穢）……，反正我拿了所有印象中跟驅邪淨化有關的精油，回到臥室之後立刻薰香、滴在咪哈的棉被枕頭上。咪哈睡得很安穩，沒有再哭。看著她熟睡的小臉，我再次用我的浩然正氣朝空氣無聲地喝斥，才鬆懈下來繼續睡覺。

　　隔天一早，我將姊弟倆送去保姆那兒，回家後獨自一人想起昨晚的事，才開始覺得背脊涼涼的，心裡有點兒發毛。哎呀，還是會怕啊。要是此刻有什麼鬼怪突然現身，我鐵定嚇到腳軟，但昨晚從咪哈驚醒、我哄她入睡、施加精油，整個過程流暢到我自己都覺得不可思議，既快速又準確，一點遲疑與恐懼都沒有。

　　自己被欺負還沒那麼有幹勁去戰鬥，但小孩被欺負，我殺了你。

　　「我殺了你」，正是這股殺意打通了我的任督二脈，讓我能夠不顧一切保護孩子。當我這樣愛我的孩子，我體驗到我媽也是這樣愛我，我甚至體驗到外婆也是這樣愛媽媽，

而外婆的媽媽也是這樣愛她⋯⋯，一瞬間，這條不在族譜上而是在靈魂裡的血脈，上下連成一線。我舉起手殺向敵人，明明只是一條手臂，力道卻像是千手觀音，有我這條血脈裡千千萬萬母親的力量。

原來，母系族譜記載於此。

當一個母親為了孩子奮不顧身，便得以在一瞬間喚出血脈裡的母系族譜。但母系族譜沒有旁枝，它不是一棵樹，它是一條線，不，是一條管道。我的身後是我的母親，母親身後是她的母親，一個接一個⋯⋯構成一條母系的管道，直通老天。

這一刻，所有的母親都會獲得授權：老天授權予我成為母親，代表我擁有足夠的力量保護、養育、愛我的孩子。帶著這份神聖的授權，我無所不能。

以身作則

　　印象中不知道在哪兒看過一段影片，內容是羚羊生產的過程。初生的小羚羊從媽媽的產道滑出來落地，吸入第一口氧氣之後馬上就能夠站立，接著母羚羊會快速為牠理毛，並用鼻子輕推牠的屁股，催促牠跑步。小羚羊被媽媽推著推著，還真的跑起來了。

　　看到這一幕我驚訝得不得了，儘管當時還沒生小孩，但我這輩子見過的每一個人類嬰兒，出生時只會哭或睡。

　　「天啊。」我讚嘆羚羊與生俱來的奔跑能力，同時意識到：在羚羊的世界裡，一出生就要會跑，否則小命不保。可可西里的藏羚羊，出生三天內就可以跑得比狼還要快。

　　新生小羚羊濕漉漉地在草原上奔跑的情景，讓我得到了一個非常偉大的領悟：只有羚羊生得出羚羊。

　　……這不是廢話，是真理，什麼樣的父母生養出什麼樣的小孩，若要生出老虎老鷹，那也得你就是老虎老鷹，不然咧？蜈蚣是有辦法生老虎養老鷹膩？

　　什麼叫基因？這就是基因。我再怎麼想要也生不出黑人。

　　很多父母自己懦弱得要命，卻一天到晚責怪小孩不夠勇敢；又或者自己一點生意頭腦都沒有，卻指望小孩能創業發大財。怎麼可能呢？小孩從小耳濡目染的是懦弱與賠錢，長大沒擔當、賺不到錢才是合理的。為人父母人要有自知之明，自己做不到的事情卻一直叫小孩做，小孩會看不起你。

　　父母如果覺得很痛苦，明知不可卻無法克制自己去控制兒女，一直想強迫兒女來補償自己的挫敗感，那麼建議可以多看動物星球頻道，越看會越開悟。

　　我生了小孩之後，常想起以前看過的動物星球節目片段，或者某某書籍裡提到某種動物如何帶小孩。其實滿好笑的，我想的都不是人，而是其他動物。我也不知為何會這樣，但每一次我想著不同的動物如何生活、如何繁衍，再對應到自

小孩一定像父母，這是沒得商量的定律，就
看做父母的敢不敢透過小孩看見自己。

己跟小孩的相處，總會獲得一些啟示。大自然的一切都是真理，尤其生養後代這類事最是精準。

你看，哪種動物需要教養書？沒有，地球上只有人類不知道怎麼教養小孩，整天都在問別人。那麼動物又是怎麼辦到的呢？就是以身作則啊。這四個字我們從小聽到大，需要以身作則的時候就自然忘記。在動物的世界裡，教養就是「我做什麼你跟著我做」，能達到這麼簡單的境界，是因為動物對自己沒有批判，牠們不會覺得自己很糟糕或很棒，牠們不會覺得小孩應該要像自己或者不像自己，所以牠們可以單純且輕易地帶領小孩。

但人類的父母對自己有很多批判，當然就會對小孩有很多投射，比如有些父母發現自己的小孩心思非常細膩，會覺得很麻煩、不討喜，「神經兮兮，不知道怎麼教。」父母這樣說，是因為父母缺乏欣賞這項特質的眼光。相反地，也有父母會因為小孩心思膩而歡喜，因為他們知道這是一項得天獨厚的才華。

……總而言之，人類的父母看到小孩像自己也生氣，看到小孩不像自己也要生氣，實際上生氣、不生氣都跟小孩沒

有太大關係，而是跟他們自己比較有關。

　　那麼到底小孩像誰呢？除了某些靈魂帶來的、獨一無二的特質之外。小孩一定像父母，這是沒得商量的定律，就看做父母的敢不敢透過小孩看見自己。不然咧？小孩如果不像你而像隔壁的老王，你才真的麻煩。

　　承認吧，小孩就是你的翻版。為人父母者，想要小孩有智慧、有力量，那你就要有智慧、有力量。小孩那副沒出息的樣子惹得你很惱火，千萬不要懷疑，你一定是個沒出息的人，即便你表面功成名就，內在也一定有個怕被揭穿的無能鬼。想要小孩有出息嗎？接納自己內在那個沒用的傢伙吧。

　　父母常常不自覺地控制、要求小孩，嘴巴說一切都是為小孩好，其實內心深處卻是為了補償自己的缺憾。被控制的小孩要嘛逃到很遠的地方自保，不然就是用失敗與不快樂來報復父母。為人父母要很小心，別因為寄望小孩成為一個升級版的自己，因而利用小孩，強迫小孩要夠優秀、夠符合自己的標準，藉此彌補自己的渺小與無能。為人父母一定要記住一件事：想要你的小孩榮耀你，你得先榮耀你的小孩。

　　以身作則。

Part 3

自已的整合

親愛的女生，
與自己的關係，是這輩子最長久的關係。
不要輕易讓出創造美好的權力，
接納自己，就會多一份自信，把自己活好、活得
漂亮、活得有力量。

偶包

　　「百吻巴黎」在媒體上沸沸揚揚的那陣子，我有天因為腳踝扭傷去看中醫，出了診療室之後聽醫師的囑咐到診所一樓的門邊用草藥蒸腳踝。診所門面是整片玻璃，路人可以清清楚楚看見診所裡的一舉一動。我在玻璃窗內蒸腳踝，有兩個路人在外頭看著我耳語。我心想那是誰啊？該不會是小學同學之類的吧？我想半天還沒個答案，那兩個路人就熱情地對我招手，露出靦腆又興奮的表情。我趕緊糊裏糊塗也對她們招手，她們笑得更燦爛了，表情彷彿中大獎似的，只差沒有直接撞進玻璃窗內抱我。她們站在玻璃窗外側扭扭捏捏又看了我好一會兒才依依不捨地離開。

　　大概幾個小時之後我意識到那兩位應該就是所謂的粉絲，接下來便陷入洋洋得意的情緒之中。原來我穿條居家短

褲搭配素顏在醫院裡蹺腳蒸腳踝，醜成這樣粉絲都不介意，天底下竟有這麼好的事，我真是個幸運的名人，不用每天刻意美美的出門也有粉絲，太棒了！

那之後我順理成章站上了自然派名人的位置（自封），在形象方面十分鬆懈。

我本身是正妹，但屬於極為懶惰的類型。睡覺跟化妝我一定選擇睡覺，早上提前兩個小時起床把自己打扮好再出門，對我來說很艱難。

過去到處演奏鋼琴的時期我還挺習慣打扮，畢竟常面對觀眾。但這幾年轉為作家，反正每天醒來送小孩去保姆家之後就窩在咖啡廳直到晚上，有穿衣服就不錯了。

前陣子去公園運動，我帶錯褲子，原本應該帶長褲的，結果帶了短褲。穿短褲會露出護膝，偏偏我的護膝款式不方便見人：肉色、偏厚、有功能性的織紋卻沒有美感可言。這個醜度確實超出我平常的範圍，但我不想因此耽擱運動，就還是跑步了。好巧不巧朋友在公園附近看到我那副德性，就用手機偷拍下來，傳到姊妹淘的群組裡大鬧一番。那護膝真的太醜，導致大概一個月內姊妹淘跟我講話三句不離護膝。

我自己則是一點羞恥心都沒有，繼續穿肉色護膝，且樂於跟姊妹淘一起嘲弄護膝的事。

何必那麼辛苦呢？護膝雖然醜但是很好穿，不需要換，只是出門買個垃圾袋，穿睡衣不行嗎？為了維持好形象，搞得像隨時都要迎戰似的，好累喔我才不要，被認出來就算了，管他的。我的心態大致上是如此，可歸類於不敬業的公眾人物。

偶爾我會收到粉絲的私訊，說：「雅晴我剛剛在 XX 附近看到一個好像妳的人喔，應該就是妳吧？不過妳看起來好累，我不好意思跟妳打招呼。」或者「雅晴妳今天下午是不是在 XX 吃冰？我好想跟妳照相喔！但是妳今天滿居家的我怕造成妳的困擾，妳住附近嗎？希望下次還可以巧遇。」

粉絲實在是太貼心了，好感人。但我也因此反省自己到底是有多邋遢，邋遢到粉絲覺得跟我照相會造成我的困擾！況且會私訊給我的粉絲是少數，一定還有其他粉絲撞見我一臉鳥樣但沒有私訊給我！

我開始認真覺得要在打扮方面有所提升，但另一方面我又很享受這種不打扮的自由與優越感，沒錯這是一種優越感，

因為我覺得那些永遠都美美的名人「不夠真實」，我這款的才叫真實。

當我直視自己的優越感時，我大笑了。真實又沒有一定要用醜來呈現，穿睡衣出門叫做沒有禮貌，不是真實。

要講真實，我家巷口洗衣店的老闆娘就很真實，她穿衣服的品味是沒有維多莉亞貝克漢那麼好，但她每天都穿得很有禮貌，她的裝扮簡單得體，在意圖上沒什麼掠奪，也就是說她沒有要用這一身裝扮來取得不屬於她的東西，比如假的形象、高高在上的光環或者是別人的老公。她就是扎扎實實地穿著與內在相應的衣服，裡外合一。

而我呢，利用邋遢來塑造自己的真實，跟用「隨時隨地都美」來塑造自己的仙氣沒有任何不同，都一樣是包裝，而且我的包裝更偽善。

好吧，我揭穿自己的陰謀了。

我的願景是要為這世界帶來美好，還是不要一天到晚讓粉絲看到我的鳥樣好了。擁有一個漂亮的肉身何其幸福，我該好好感恩與貢獻才是。美美地出現在人前，是一份慈悲。我不穿睡衣改穿一件洋裝去便利商店買垃圾袋，是對店員、

對路人以及對每一個所見之人的一份慈悲心。我穿肉色護膝配短褲在公園跑步，就是沒有慈悲心，那麼醜，粉絲看到會哭耶。

　　肉色護膝事件時，姊妹淘笑我沒有盡到網紅的社會責任，這話是真理。也許大部分的粉絲看到我穿居家短褲素顏蒸腳踝還是一樣愛我，但有些粉絲看到我太日常、不經修飾的模樣，卻會小小地心碎。我在「做自己」這條路上耕耘許久，才能不介意醜樣被看到，但若回到過去還沒那麼自在的階段，看到自己崇拜的偶像一身邋遢確實會心碎。偶像只是很放鬆地以居家形象出門，比如平凡無奇的休閒服飾加上面無表情，裝扮與一旁的路人無異，再正常不過，但在我尚未開悟的眼中看來卻有種被欺騙的感覺，我會覺得原來偶像的生活並沒有他所營造的那麼光鮮亮麗，他唬弄了世人與我。

　　這是一個過度投射完美形象的創傷，卻無可厚非。過去的我無法接納自己的不完美，所以也沒有那份智慧去理解二十四小時全年無休的偶像是不存在的。

　　現在的我，明白偶像們隨時隨地都讓自己維持在好的狀態，是很了不起的貢獻，他們讓過去尚未開悟的我能夠保有一個夢：相信只要努力就可以變得像偶像那般完美，就算無

法抵達，至少可以接近。完美形象對於還無法做自己的人來說非常重要，即便它是個幻象，但沒有它就沒有前進的動力。而追求真實是後面的事，它銜接於放下對完美的執著之後。

　　這就是姊妹淘口中的社會責任，也可以稱作偶像包袱（簡稱偶包）。要說太辛苦嗎？其實也還好，不過多花一點心力罷了，不是太難，只是之前不願意。既然選擇了面對社會大眾的工作，就要為自己的選擇負責任。取之於大眾，回饋於大眾，名氣是老天給我方便，讓我可以不需要一一親自去邀請，就有很多人願意來到面前給我貢獻的機會。把自己的狀態維持好、美美地出現在人前，是一份慈悲，出於甘願，偶包也不偶包了。

反
差
萌

　　有些人在外待人處事走冷靜、專業、俐落、簡潔、獨
立的路線，但住處的布置卻是粉嫩洋娃娃、蕾絲、層層疊疊
紗紗之夢幻風格。又或者有些人平常見面時不苟言笑，但用
LINE 聊天卻幽默感全開，還很會用貼圖。這種反差萌挺可愛
的，屬無傷大雅的範圍。

　　反差萌就是我們的分裂。像我結婚前的房間布置頗為童
趣，鵝黃色與乳白色交錯的牆面、粉藍色的木門，加上木製
傢俱，有點小孩遊戲房的感覺，跟平時經營粉絲專頁的霸氣
形象稍有落差。而結婚後，因為房間是兩個人的，則又轉換
成融合過後的新風格。

　　若用多重人格來比喻的話，房間內那個童趣的我算是次

要人格，主要人格則是講話很霸氣的那一位，霸氣主外，童趣主內。實際上我當然不只有霸氣與童趣而已，若我擁有一棟九十九個房間的城堡，我可以把九十九個房間都布置成截然不同的風格，且我很樂於做這件事。童趣的我、霸氣的我、浪漫的我、歐式陰鬱的我、美式幽默的我、中東風情的我、極盡奢華的我、極簡脫色的我……，我樂於展現的人格至少有九十九種。

　　裝扮這件事情也差不多是相同的意思，所以化裝舞會永不滅，它讓我們平時不敢出籠撒野的人格，透過裝扮得以放風。裝扮從來就不只是裝扮而已，當我們扮成尖酸刻薄的教官，故意用教條來刁難與挖苦學生，那不是在「演」，而是我們把內在尖酸刻薄的人格給召喚出來。如果你內在沒有尖酸刻薄，你想演也演不出來，但你有，所以你只是把尖酸刻薄叫出來而已，在日常生活中不尖酸刻薄的那些時刻裡，它處於休息狀態。

　　而我們都會拿出自己覺得比較容易被接受的形象來闖蕩江湖，因為那讓我們有安全感。

　　比如我覺得霸氣的人格比較受歡迎，所以我較常用霸氣

的一面示人，只有很親密的朋友會看到我耍白痴、無腦、柔弱、逃避的一面。另外，童趣的房間代表我內在的小女孩，我的小女孩只在我睡覺的那個房間裡是自由的，甚至連親密的朋友也不常看到我小女孩的一面。因為活動範圍只有臥室，我的小女孩並不自由，但她的信任僅限於這個房間，出了房間她便沒有安全感。所以，在外頭我就是小女孩的守護者，我會先確認一個環境是安全的，才讓她出來放風。

　　我的恐懼是什麼呢？我怕用小女孩的面貌示人會被欺負、被看不起。相較之下，霸氣的性格讓我很有安全感，做起事來也很順暢，就連去便利商店買個東西也能派上用場。「小姐，現在點數兌換的贈品還有嗎？我想換但差三點，贈品還有的話我就去買東西湊點數。」我坦蕩蕩，講得直截了當的。店員小姐聽完一副英雌惜英雌的表情說：「妳要換什麼？不用換，我直接給妳。」她也是個霸氣不囉唆之人。同樣是向店員詢問點數贈品，有些人則比較擅長出動小女孩，對他們來說，笑咪咪、撒個嬌比霸氣更容易，總之每個人強項不同。

　　我之所以害怕用小女孩面貌示人會被欺負、被看不起，

是因為我就是個會欺負弱小的人，所以我心虛。我比較信任霸氣的形象會被接納，但我其實非常羨慕內在小女孩很自由的人，有時候還會有點嫉妒，比如看到別人用撒嬌得到東西，若是幾包巧克力我會感到羨慕，但若是一個很好的工作機會我就有點嫉妒，大致上是這樣。

你看一個人慣常用什麼面貌示人，就知道他最認同的其實就是那個形象，比如大部分的人都希望自己是好人，所以表現出一副無害、有禮貌的樣子。但有時最認同的形象也是最厭惡或恐懼的形象，比如有些女生說自己討厭心機很重的女生，認為這種女生是會搶別人男人的狐狸精，但說這話的女生本身也有狐狸精的氣息，因為她知道身為狐狸精的好處有多豐厚，她一定享用過或者覬覦過才會產生批判，她其實認同狐狸精的力量，只不過對此有罪惡感所以討厭自己。狐狸精也沒什麼大不了，掠奪男人的資源罷了，但那也是願者上鉤，每個人都有掠奪的一面，不是只有狐狸精。

我自己最好笑的人格分裂與切換，大概就是面對老公跟小孩了。比如我可以在三更半夜跟老公吵架吵到大吼大叫拍

桌，把睡夢中的小孩都嚇醒，這時我會一秒變慈母，衝進小孩的房間溫柔地安撫他們重新入睡，等小孩們都確認睡倒無誤，再一秒變回女戰士繼續吵架。

面對家人、朋友、陌生人，我都有很多的分裂，對某些人又愛又恨，或者對同一個人既尊敬又鄙視。我之前不太接納自己有這麼多分裂，但現在比較接納了，因此我面對他人時就會明白那讓我愛、恨、尊敬、鄙視的……，也不過是他的其中一面。

人太複雜了，要接納一個人的全部是不可能的，世上也沒幾個人可以全然接納自己。所以無須要求自己一定要包容誰，就算那是你很愛的人也一樣，你無法接納他的全部，而且你還要有心理準備在遇到某些事件時，他有可能變得讓你幾乎認不出來。

我們自己不也是這樣嗎？失戀就變了一個人，談戀愛也差不多，平時不撒嬌的人一戀愛就開始用疊字講話，跟被附身沒兩樣，我就是如此。人就是這個樣子，各自有很多的故事與創傷，所以面對不同的人、不同的情境就拿出不同的面貌。

你無法全然接納任何一個人，所以別人不接納你也是剛

好而已，不必反應過度。

　　人們常用「反差萌」來形容一個人截然不同的多種面貌，反差萌有個萌字，它是可愛的，但我們內心有很多的反差一點也不萌，用噁心形容都還太客氣，即便如此你依然要讓它出來呼吸新鮮空氣，且你要明理：它這麼久沒有見人，模樣不討喜是正常，不要一被別人白眼就又把它關回去，多可憐。若你長期不敢拒絕別人，每次接到推銷電話都不敢跟對方說「不需要！」然後直接掛掉，那麼你得勇敢說不一次，試看看會發生什麼事。你老關著自己的某些面目，豈不就永遠沒機會知道誰會接納它誰不會，為了拓展它的活動範圍，冒險還是必要的。

　　當反差抵銷了，就只剩下萌，那份萌是你對自己的接納，你會覺得自己真可愛。每接納一個自己，就會多一份自信，那將讓你看見自己的力量，從此對人、對事、對世界便多一份自在。

人奶合一

在自我價值還很模糊的時期，我聽到男生說誰誰誰奶很大、超正，就會在心裡偷偷檢視自己的奶夠不夠大、有沒有吸引力？那個時期的我，從沒認真想過男生為何如此在乎奶，我只想在男生眼裡當個搶手的正妹。

運氣不錯，我奶算大，光憑這一點在愛情市場上就頗有競爭力。我只要穿著貼身的衣服在公眾場合小跑步，就可以感受到一堆男生的目光射過來，這是一種老天賞飯吃的感覺，什麼都不用做就可以獲得成功。

想當然耳，人生沒有這那麼簡單。當我交到男朋友並且

確認他迷戀我的奶之後，還以為事情就結束了，沒想到麻煩才剛開始。我的奶在外型上完全沒有問題，但我跟男友卻一天到晚為了奶吵架，因為他規定我只能對他露奶。根據他的標準，鎖骨以下就納入奶的範圍，也就是說我鎖骨以下的肉不能讓他以外的人看。他認為我（以及世上每一個已有男伴的女人）應該天天穿著高領衣物，若夏季太熱沒辦法忍受高領，起碼要穿領口很小的 T 恤。襯衫雖然表面看起來是合格的衣物，但它的結構有問題：釦子與釦子之間會產生空隙，因此只要旁人有心、眼睛又夠利，便可以從襯衫的縫中看到奶肉，萬萬不可。

對那個男友來說，女人的每種衣服都有其風險，最完美的解決方案是我都不要出門見人，只在家裡服侍他。但軟禁女友是違法的事，他只好退而求其次，要求我一年三百六十五天穿高領衣物，並主張：能夠做到這一點才是合格的女伴。

聽到這種規定，我只想殺了對方。但那時力量太弱、氣勢不足，只能選擇陽奉陰違：嘴巴敷衍他說我會注意，卻在日常生活中仍舊穿著領口低於鎖骨的衣服。

每一次我違反規定，男友都會以火山爆發的崩潰程度指

控我毀滅他身為男伴的權益。「全天下的人都可以看妳的奶，那我算什麼？妳對所有人都露奶，不就所有人都可以當妳男人？」

這指控不太對勁。首先，並沒有全天下的人都可以看我的奶，至少奶頭沒有；第二，就算我裸體走在街上，真的全天下的人都看到我的奶，我還是可以決定誰是我的男人。

爭辯總是沒結果，因為問題從來不是出在邏輯上，而在情感上。他必須確認我的奶只屬於他，才有辦法信任這段關係。但我解決不了他透過奶來索取愛的那種匱乏感與焦慮感，又不想迎合「鎖骨以下不得露出」的規定，只好吵架吵到分手。

我原以為自己遇到少數的瘋子，但我後來發現對很多男人來說，女伴的奶確實是他的。我還真不知道該用「男人」還是「男生」來當這一段的主詞，畢竟對奶有所迷戀，感覺像是小男生的行為，但大部分的男人到七、八十歲仍對奶很癡迷，所以實在不好說迷戀奶是小男生的專利。

還是用男人作為主詞好了。男人對奶的依戀真不是說說而已，他們未必臣服女人，卻臣服於奶。我看過一個討論男

人心中夢幻逸品的網路文章，裡頭有些項目是虛構的，有些是真實存在的。其中一項是奶床，示意圖中有個男人躺在一張床上，那張床的床面全都是女人的奶，各式各樣的大奶包圍那男人，他躺在上頭一臉死而無憾的樣子。印象中，那個夢幻逸品的清單裡，九成跟女人有關，五成跟奶有關，剩下的一成是電玩跟球類運動。總結這份清單，男性共同的夢就是擁有一個二十四小時為自己開放的溫柔鄉，這個溫柔鄉包含想鑽就鑽的陰道、想窩就可以窩的奶子，再加上茶來伸手飯來張口，溫柔鄉之外還可以打打電動、打打球，人生至此別無所求。

　　不論是自身經驗還是媒體資訊，都讓我見識到男人對奶的執念有多深，他們是可以為了得到奶而毀滅親密關係的（比如我前男友），以至於我開始產生一種幻覺：「男人愛的是奶，不是我。」，以及「要是沒有奶，男人還會愛我嗎？」

　　這幻覺搞得我很煩。我突然想到，有錢人常會擔心別人是為了錢才接近他，而我擔心男人是為了奶才愛我，兩者是差不多的心情。

　　直到有一天，我實在受不了自己一直被這些事卡住，便

跑去問我的身心靈導師。

　　「老師，我對我的奶又愛又恨。我討厭男人愛我的奶勝過我，但我又怕少了奶男人就不會那麼愛我。我怕再這樣下去我會得乳癌，我怕我會創造一個過度極端的狀況來抵銷這個恐懼，我現在莫名其妙的焦慮大概跟野草一樣多，很多細節連我自己都覺得瞎，瞎到我想大笑，但我就是怕。」

　　　　師：「深呼吸，先靜下來。」
　　　　我：「嗯。」
　　　　師：「接受妳的奶，愛妳的奶。」
　　　　我：「嗯。」
　　　　師：「男人愛妳的奶就是愛妳，妳要人奶合一。」
　　　　我：「人奶合一，好。」

　　哇哈哈哈哈哈，「人奶合一」這四個字夠我笑二十年。

　　老師一語驚醒夢中人，我怎麼會有這麼分裂的焦慮呢？我的奶長在我身上，跟我是一體的。我怎麼會把奶獨立出來，賦予她們比我更高的位置，並且擔心別人愛她們勝過愛我本身？

　　奶不可能比我本人更值得被愛。我肯定是瘋了才會擔心這件事。

　　這就像如果有錢人會恐懼別人為了錢而接近他，那就表示他就還沒有真正駕馭他的財富。一個能夠駕馭財富的人，他很清楚自身的價值高於所擁有的財富，這一點使得那些只為了錢而來的人顯得短視近利又愚蠢。

　　你如果會怕有了錢之後就沒有真愛，怕別人愛的是錢不是自己，那就表示你本來就不相信自己值得被愛，表示你若沒有了錢，也不覺得自己會有魅力，只是錢放大了你的恐懼而已。那麼如果別人會愛你的錢卻不愛你，不也只是跟你自己一樣而已嗎？你用錢來搭建光環，沒有錢你就原形畢露，就等於沒有掌握你的錢，沒有真正擁有錢，你沒有與你的錢合一。

　　而我呢，我沒有與我的奶合一。若沒有這對奶，我沒把握自己仍舊值得被愛。前男友把我的奶看得比我還重要，一天到晚為了奶跟我吵架，關係因此而毀掉也在所不惜。我以為是他的問題，我以為錯在他是個物化女人的混帳。現在看來，我也把自己的奶分割出來作為誘惑男人的工具，我享受因奶而來的目光，我喜歡其中的權力優越感。我很清楚自己

的手段，才會恐懼用奶騙來的男人到底是愛我多一些，還是愛奶多一些。所以我遇上那樣的男友，剛好而已。

坦白說，現在的我有時仍會與奶分離，但大部分時間是合一的。奶的事讓我頓悟，**人確實會用一些奇怪的伎倆來逃避面對自己真正的價值，畢竟要相信自己值得無條件的愛，很不容易。**

「人奶合一」，老師的話要聽啊，這四個字夠我笑二十年，也夠我警惕二十年了。

所謂愛自己，是真切地意識到自己多麼重要而
生命多麼珍貴，所以一秒鐘都不願意浪費。

貢
獻

　　貢獻其實並不很難，也不崇高，很簡單就可以做到。

　　很多人以為要為國為民為別人犧牲才叫做貢獻，不是，犧牲就是犧牲，跟貢獻是兩回事，活得很好也可以貢獻，事實上活得很好就是一個偉大的貢獻。

　　到底什麼是貢獻？舉例來說，你今早趕著搭公車，衝到車站時剛好要搭的那班公車車門關起來正準備開走，司機先生看到你的狼狽樣，便打開門讓你上車並對你微笑：「早安，不急不急，安全最重要喔。」

　　如果你看得到所謂的能量，你就會看見你原本毛躁、亂七八糟且帶刺的能量，被司機先生一句話而撫平了，像貓毛一樣柔順。你帶著好心情去上班，順利完成一些事，對人

對事對物都溫柔有耐性，直至下一件惹毛你的事到來之前，跟你相處都很愉快。坐你隔壁的同事被你感染了好心情，所以早上開會時沒那麼緊張，報告得很不錯。跟你同事一起開會的主管聽完報告，心情也滿不錯的，會議結束順手傳了一個好笑的 LINE 訊息給朋友，他朋友收到訊息之後，在電腦螢幕前面笑得有點誇張，而且笑完之後也把訊息轉發給其他朋友……，好心情持續擴散下去，大約八個小時之內有三萬八千七百二十個人得到好心情。

這就是蝴蝶效應，這就是貢獻。起點很小，影響很大，而且沒有人捐軀。

別小看這種力量。就算一個臭臉、講話口氣很差的早餐店老闆沒有任何惡意，但他一個早上就可以毀掉將近一百個人的好心情。

其實我們誠實地看，一個人心情變差遠比心情變好容易得多，臭臉的路人會讓我們覺得走在路上好端端地卻要看你臭臉真倒楣，但笑臉的路人也會讓我們覺得遇到神經病，沒事笑什麼笑？看臭臉也不爽，看笑臉也不爽，這不是消極，這是求生，因為人會覺得要有危機意識比較容易活下去。但

這種危機意識有時會讓我們過於聚焦在負向人事物，導致一個正常人就算閒閒沒事做，心情也不會好到哪去。

所以，如果你可以把你全部的念頭都列出來，就會驚覺原來腦子都裝垃圾。

「好累。」「真不想上班。」「公司超爛。」「有人發票中兩百萬，這種好事永遠沒我的份。」「為什麼交不到男朋友？」「為什麼事情都做不完？」「剛剛那個早餐店老闆真是惹人厭。」「上次去那一家義大利麵，服務生態度也是有夠差。」「昨天又被主管嫌了。」「好想辭職。」「但我會付不出房租。」「算了換工作也不會比較好。」「要是爸媽知道我辭職一定會把我罵到臭頭。」「也不想想他們自己是什麼鳥樣，整天只會罵小孩。」「我為什麼要活得這麼辛苦？」「人生到底有什麼意義？」……

否定自己、恐嚇自己、複習爛回憶、唱衰未來……常態下我們的腦子都在想這些，想多了能夠改善現況也就罷了，偏偏想多了只會厭世。

這種慣性是很無意識的，需要有意識地打斷它。若沒有醒覺，腦子就會一直重複播放這類靡靡之音，所以我們大多時候就算沒啥煩惱，心情也不會太好，而是處於一種微陰鬱

的狀態。一直處於這種狀態，我們會沒啥精神、沒熱情、沒生產力，不是什麼大病，但也讓人健康不到哪兒去。

其實要打斷這種慣性，只需要很小的作為，比如深呼吸、喝一口水、抹抹精油、或者身邊有貓就撈起來吸一吸。但因為大部分的人們沒有習慣去覺察自己當下的狀態，所以看不出那些足以打斷這個狀態的外力，是多麼大的貢獻。

一個率真可愛、嘴巴很甜的便利商店店員，在結帳時對我說：「妳皮膚好好喔！」，我會立刻心花怒放。若這樣的心花怒放可以量化為電玩生命值 HP，它大概就是瞬間補血八成如此大的威力，而我在此刻以前腦子裝垃圾的狀態會立刻被打斷歸零，要再次發作可能是好幾個小時之後。我是一個媽媽，我有兩個小孩和一個老公，店員肯定不知道他一句話就拉高了我家今晚的幸福指數，一想到有人說我皮膚好好，我就多了很多耐性可以面對老公跟小孩。

這就是貢獻。如果我們每個人的狀態都像電玩的生命值 HP 那樣一目瞭然，你就會知道，僅僅只是將一個人的生命值稍微提升，都是很了不起的貢獻，因為她或他都有自己的家人與朋友，在大城市裡走到哪兒都是人，你讓一個人從微陰

鬱轉成微笑，而他帶著這份微笑可以讓多少人也微笑，難以計數。

　　所以，把自己活好就是偉大的貢獻。如果你是一個心情很好、面帶微笑、熱情有禮的公車司機，一整天下來，搭過你這班公車的乘客，或多或少都得到了一些快樂。你說你不會讀書，考不上一官半職，不像那些大人物可以制定對人民有利的政策，所以你沒有什麼貢獻。不，你一個早上對兩百多個人說早安，讓他們心情很好，其中一百個人下了公車還是很心情很好，然後他們把這份好心情帶給他們的家人、朋友或路人，八個小時之後估計有二十三萬多人心情不錯，接近台灣總人口的百分之一。

　　這就是你的影響，這就是你的貢獻。

你要去的地方他沒有要去

　　每個女生一定都有個閨蜜，長期談爛戀愛，每次都哭說自己如何悲慘，但卻一而再再而三愛上爛咖，不管身邊的人怎麼勸她，她就是困在那個狀態出不來。

　　又，每個家族都有一個人或者不只一個人，明明活得很不幸福，一臉苦相、開口閉口都是自己的委屈，但別人對他伸出援手他卻說不要（而且常常是死都不要）。

　　舊約聖經詩歌智慧書的第五卷《雅歌》當中，有一段經文出現了三次：「不要驚動、不要叫醒我所親愛的，等他自己情願。」這段經文的背景是愛情，但我覺得它同時也是與

人相處的真理。

　　每個人都有自己的人生時刻表，並不是我願意伸出援手，別人就該願意被幫助，沒有這種事。若現在還不是改變的時候，不能勉強；倘若他選擇永遠不改變，也必須尊重他。

　　改變本來就是一件很恐怖、很需要勇氣的事，且它也不是免費的，再加上投資報酬率不明，不願意為改變付出代價很正常。

　　從心理層面來看，對很多人來說，世上根本沒有天堂，若你告訴他有個方法能夠改變他的生活，他只會覺得：怎麼可能？

　　他已經受苦了這麼久，早就失去希望，對生命沒有熱情也沒有願景，所謂的改變不過是從這個地獄換到那個地獄罷了，不可能會比較好。「天堂太遠了，況且我也不配。」他們是這樣想的。既然如此，何不在原來的地獄受熟悉的苦就好？

　　如果你所愛的人堅持要在地獄，該怎麼辦呢？比如你看著媽媽跟哥哥每天上演互相勒索的戲碼。媽媽很愛控制，哥哥很無能，控制的不放手，無能的也不長力量，三十年如一

日。哥哥那副德性，要娶老婆是不可能了，若真有人嫁他絕對是上輩子欠他幾條命才會淪為這輩子以身相許。哥哥的人生已經沒有幸福可言，大概只能在家被媽媽控制到六十歲。媽媽就更不可能改變了，她要能改變早就變了。

……你在一旁看了快三十年，吐也吐了，哭也哭了，仍舊無能為力。那就離開吧，起碼把自己的生活過好。

你所愛的人堅持在地獄，你更要創造你的天堂，好好活在你的天堂裡。因為唯有如此，你才能從天堂帶光與愛給他們。你要創造你的美好生活，創造健康、喜悅、豐盛來分享給他們，這很重要。他們可能收不下你的好意，因為他們會怨恨你不跟他們一起下地獄，但無論如何你都不能在地獄裡，否則你與他們的交流就只是在互通不同地獄的有無。

不必想方設法把地獄裡的人給拖出來，他們就算出來了還是會逃回去，因為他們判自己在地獄裡，他就得乖乖在地獄裡，才不會有罪惡感。每個人都有自己的人生時刻表，會有一個屬於他的時刻讓他大徹大悟、下定決心要有所改變。那一刻起，他願意為自己的人生負起責任。立基於此的改變才能夠發揮正向的作用，否則他只會把成敗推到伸出援手的你身上：情況沒有改善，他會怪你害他又一次挫敗；若情況

有所改善，他認為都是你的功勞，與他無關，他的自我價值
並不會因此而提高。

　　所以啊……不要驚動、不要叫醒我所親愛的，等他自己
情願。

　　在受苦的所愛之人身邊當一位旁觀者，是莫大的折磨，
但必須如此。我們所能給予最大的支持，就是祝福、陪伴與
傾聽，他的困境還是得靠他自己承諾為人生負起責任，然後
起而行去解決。在這支持的過程中，我們因為不能插手他的
人生，得要承受罪惡感的煎熬至少兩萬七千三百次、深呼吸
六千萬次。我們到底該怎麼看待自己與所愛之人的處境，才
能在這段過程中取得內在和平呢？

　　好多年前，我因為沒辦法幫助朋友擺脫一個糟糕透頂的
關係而糾結不已，我邀他去上課、送他書、陪他聊天、給他
建議……，我想得到的都做了，但他就是寧可留在原地，不
肯動一步。我好想拉他一起創造更美好的生活，但就是沒辦
法。我向心靈導師哭訴，老師一句話即讓我對此了然於心。

　　「雅晴，放下吧，他沒有要去妳要去的地方。」

　　放下吧，你的家人沒有要去你要去的地方，你的朋友沒

有要去你要去的地方，你的丈夫（妻子）沒有要去你要去的
地方，你的小孩也沒有要去你要去的地方。創造你的天堂，
過好你的生活，就是你能給出最大的愛。

我所愛的龍女

　　我很喜歡影集《冰與火之歌：權力遊戲》，因為它很真實。國與國、人與人之間不擇手段、殘忍、狡猾的生存鬥爭，以及偶爾才出現的愛與寬容⋯⋯，不論在什麼時代人性就是如此。除了很真實之外，我會這麼愛這部影集，主要是因為女主角。說來好笑，她在影集裡待越久名字越長，但我習慣叫她龍女：世間唯一能夠駕馭龍的女子，三頭噴火龍都聽她的。噴火龍一張嘴即可焚毀一切，但唯獨傷不了龍女，龍女在火裡能夠毫髮無傷，就是那麼威。

　　龍女在這部影集當中第一次出場便是以傾國傾城的美貌現身，但那是因為她的親生哥哥要把她賣給野人首領以此交換利益，所以要求龍女必須美貌驚人。

　　就在那華麗的出場之後，龍女的哥哥走到裸體的龍女身邊，摸了一把她的胸部，像在檢查商品似的，還露出滿意的笑容。那笑容不是淫笑，他對自己的妹妹沒有色慾，卻有很多的算計，畢竟是個要賣掉妹妹的人。那滿意的笑容之後，龍女的哥哥便帶著龍女以及一些隨從出發前往野人部落，把妹妹給賣了。

　　野人首領買下龍女之後，只當她是一塊肉。平時沒正眼瞧過她，有性需求才抓她來發洩，過程沒給她半點尊嚴、半點位置，每次都從後面硬上，做完就踹到旁邊去，反正語言也不通，一句話都懶得跟龍女講。

　　這時候的龍女是個百分百的受害者，灰頭土臉、生不如死，明明是被賣來當首領之妻，頭銜來說應該是王后，實際上卻過著比部落裡畜生還難堪的日子。龍女的哥哥賣妹妹是為了求生存，他很清楚妹妹過著什麼樣的日子，卻不痛不癢，只在乎自己從中得到的好處，還三不五時來跟野人首領喝酒抬槓，繼續談些交換利益的事。

　　我第一眼看到龍女就對她非常著迷，影集開頭時的她十分青澀，也不怎麼懂人性，我心想她肯定是要在這部影集裡蛻變成女王的人，否則不會這麼蠢呆。雖然知道她得吃苦，但沒想到竟是這麼狼狽的姿態，看得我心好焦。野人首領每一次虐待她，都讓我手心發汗很想殺人，一想到龍女終究會成為真正的女王，便期待著後續的劇情或許會是精彩絕倫的龍女復仇記，拜託請生剝野人首領的皮！

　　……沒想到竟然不是那樣。龍女並非用含恨復仇的一般模式擺脫受害，而是卯起來愛上野人首領，我的天啊，我沒有想到會在一部大眾商業影集當中看到這麼靈性的發展。

　　龍女請侍女教她野人的語言和性技巧，學成之後的第一個扭轉，是在首領又從後面硬上時，轉頭過來看著首領的眼睛說：「今夜我想看著你的臉。」然後她就不必再被從後面硬上了，他們之間的性開始轉向平等，而不再只是首領對龍女的掠奪。

　　龍女一步步馴服了野人首領的心，她給了他從未體驗過的愛情，野人首領在不知不覺當中深深愛上龍女，這個原本被當作一塊肉買來的女人，如今在他的眼中已成為世界上最美、最珍貴的愛人，他願意為她賣命、出生入死。

　　不過一季影集的時間，龍女在野人部落裡就站上了貨真價實的女王位置，最厲害的是她付出的一切皆非虛偽惡劣的逢場作戲，她的愛是來真的。

　　這才是真正精彩絕倫的復仇記，但說是復仇已經不正確了，這是精彩絕倫的扭轉故事。在我們的生活中或戲劇裡，為了達到目的而祭出假情假愛十分常見，但透過真愛站上自己要的位置，沒幾個人敢，也沒幾個人有本事辦到。

　　大部分的人即使行為上復仇成功了，內在依然留在受害者的位置，為自己曾經受到的傷害感到不平、不值。**心一橫去殺一個人，不容易；心一橫要愛一個人，更難。**

　　像龍女這樣去接納與愛一個惡劣對待自己之人，饋以真情，是海量之心才辦得到。且她扭轉的不僅是她自己，她也扭轉了野人首領甚至整個部落。那個把女人視為飛機杯，踩躪完就踢一旁的首領已經消失了，他因為愛情而有了靈魂，不再只是個殺人狂。光是愛一個女人，就足以恢復他的人性，而這份人性讓他能夠更有愛地去帶領他的部落，使部落更豐盛、更幸福。此外，野人首領對妻子的尊重與寵愛，讓部落裡的子民、螢幕前的觀眾都不再將他視為只會殺人幹人的混

親愛的女生
2

帳王八蛋，轉而將他視為值得尊敬的首領。

　　我幾乎是一邊流淚一邊流口水看完《冰與火之歌：權力遊戲》第一季。淚是真實的淚，我用掉很多包衛生紙；而口水是意識上的口水，我對龍女的崇拜就像看到冰淇淋時口水直流那樣滔滔不絕啊。

　　我著迷於龍女的風範、欣賞著她的殘暴與慈悲如何在純真裡共存。殘暴的部分尤其精彩。龍女的野人丈夫在她面前把她親生哥哥殺了，對此她無動於衷。另外，當她遭受欺騙時，處死對方毫不寬貸。

　　龍女對公平正義有一份超然的清明，當她看著一個人在承擔自己的業時，眼睛眨也不眨一下，更不會去背負。但在戰場上，龍女每攻下一個城市，宣告勝利之後第一件事就是解放奴隸並給他們食物、賦予他們名字。她並不是用食物與名字收服他們，而是用接納解放他們，她讓奴隸重拾「尊嚴」這個他們已經不再相信自己配擁有的東西。

　　關於龍女的慈悲，有一場戲也讓我很激動，當龍女知道自己那三隻宛如孩子的噴火龍傷害人類之後，便將牠們囚禁起來。她不允許噴火龍傷到她的子民，卻為了囚禁噴火龍而

痛苦，女王真不好當，當她撫觸被腳鍊禁錮的噴火龍時，那糾結的神情令我好心碎。

《冰與火之歌：權力遊戲》大概是史上角色最複雜的影集，也是編劇殺角色最不客氣的影集。有些角色你以為他是重要人物，哪知下一集就死得不明不白也不體面。所有角色都浮浮沉沉，唯獨龍女屹立不搖，她的一舉一動都使我又哭又笑。

影集已經播完但我還沒追完，幾乎所有的觀眾都對結尾感到很不滿，因為龍女似乎失去了她的慈悲而黑化成了瘋后，不再救苦救難，反而與死亡很親近。偷看劇透的我對於龍女最後的結局雖感到心疼卻也鬆了一口氣，儘管不清楚劇情細節，但就這個劇情安排看來，龍女已回到了所謂「見山又是山」的原點，不再執著於對抗死亡。畢竟，對一個有肉身的生命來說，最大的解放就是死亡，尤其在這種「光是要活下來都相當艱難」的影集中，坦白說能死就是福。

劇情後續的發展就跟人的一生一樣複雜，轉變到最後已超出了大多數人所能接受與期盼的範圍。但我將眼光回到我最初追隨的那個要被賣掉的、青澀的、用驚人的力量扭轉生

命的龍女，仍感動不已。

　　一個人有沒有本事從谷底翻身，關鍵就在於如何看待自己。別人不看好你是一回事，但自己也不看好自己就肯定成不了事。想想龍女，丈夫當她是畜生的時候，她依然當自己是女王，別人沒給她位置，她自己給自己位置，並且全力以赴拿下她要的一切。她要愛、要位置、要尊重、要權力……，她什麼都要，但她不是用掠奪的，她是用融化的，這是最高境界。

壞透了

我在演講或讀書會上爆料自己的黑暗面，大家往往笑成一片，但輪到讀者或聽眾坦承黑暗面時，氣氛就沒那麼放鬆與歡樂了，說話的人不是害羞就是緊張，畢竟面對自己的惡劣，很難不羞愧。

其實要見識黑暗面，看小孩最清楚了。

上個月我們一家四口去澎湖度假，我兒子多嘿剛滿八個月還不會走，全程不是被抱就是坐推車，總之爸爸媽媽其中一人總會守著多嘿，正值兩歲也要黏爸媽的年紀的女兒咪哈，看在眼裡自然沒什麼好滋味。

咪哈在我們下榻的飯店大廳又跳又唱，服務人員見她可

愛便送她一支紙風車，咪哈看了看沒什麼興趣就隨手塞給我，我因為手上東西多，又隨手塞給了多嘿。多嘿接下紙風車之後好高興，眼睛睜得大大的，彷彿看到什麼稀世珍寶，小肥手緊緊握著紙風車，大揮特揮。

後來我們一家人出去散步，多嘿仍握著他的紙風車，一個多小時都沒放手，他真的愛透了這支紙風車。晚風吹來，多嘿望著紙風車宛如幸運草的四個葉片轉啊轉，開心得咯咯笑。

我轉頭對老公說：「你看他，太可愛了。從他出生以來，我還沒看過他這麼喜歡一個玩具，你看他手握那麼緊，笑成那樣，我真想買一百個紙風車給他，太可愛了。」

話才講完，咪哈就走到多嘿旁邊，咻一聲將紙風車從他手裡拔起來。多嘿痛哭。咪哈死都不還他，寧可折爛紙風車也不讓弟弟玩。

壞透了。

你看，競爭、嫉妒、掠奪、毀滅……，樣樣來。咪哈聽到我的話、感覺到我對多嘿的疼愛，驚覺刻不容緩，必須馬上出手，一方面阻斷媽媽對弟弟的關注，另一方面捻熄弟弟的快樂。

　　小孩就是這樣。搶玩具、搶食物、搶愛……，什麼都搶，這很正常，不搶的小孩十之八九是為了討好父母，不然就是不被允許所以壓抑，不太可能是慈悲。

　　不管長得多可愛，小孩全都是惡魔跟天使的混合體，他們沒有在遮掩的，對於自己的惡行也不會感到羞愧，純憑本能行動。因為人在孩童時期很真實，還沒有分裂，後來慢慢社會化之後，才開始隱藏黑暗面。

　　所謂人性黑暗面，全都是很好理解的東西，每個人都有，說沒有的是騙子。黑暗面在最初都不是什麼妖魔鬼怪，殺傷力也不大，但隨著主人的羞愧、壓抑、隱藏，最後才變得難以收拾。

　　像咪哈的例子，她破壞弟弟的美好，不能不指正，畢竟真的超惡劣，然而指正時要很清醒，不能污衊或者情緒性攻擊，比如咒罵她是個壞姊姊壞小孩。

　　坦白說我修養沒多好，有時看到她這麼壞，不小心就理智斷線罵出口，但偶爾天時地利人和，我也能好聲好氣跟她說弟弟很傷心，問她要不要跟弟弟一起共享紙風車。想也知道她當然不肯共享，不過若願意明確地說出「我不要！」倒

也是好事一樁，表示她很誠實。表明不要之後，我會問：「妳是不是看到媽媽愛弟弟所以生氣？妳想要媽媽也愛妳對不對？」

小孩的回答往往坦白到讓人驚訝。等咪哈承認嫉妒，我會向她保證我也很愛她，這招有時奏效有時則否，看她心情，但無論如何揭露了惡行之後，讓她修正，不要讓她羞愧。

我們對自己也一樣，修正就好，不用羞愧。社會化是為了讓群居的人們生活方便，大家保持禮貌，往來就順利。為了保持禮貌、避免衝突，人一旦社會化，黑暗面就退到幕後去了，這對很多人來說是一場痛苦的壓抑，但假若我們願意接納自己的黑暗面，這退居幕後的過程就不至於太艱難。

所謂的「保持禮貌」，就是你覺得迎面而來的路人看起來很不老實，感覺會騙人，但你不會跑去告訴他或罵他，這叫做禮貌。那麼接納自己的黑暗面又是怎麼一回事呢？就是你很接納自己也有不誠實的時候，所以看到別人一臉騙子樣，並不會想揍他、罵他或者對他怎樣。

接納自己的惡劣，就能夠同理別人的惡劣。不用擔心接納自己與別人的黑暗面，會導致天下大亂、壞人從此不用付

出代價。接納不是認同，你接納一個騙子，不代表你認同騙人是對的，你只是不會被騙子激怒並花大把心力去對付他而已，再說，行騙的代價也不是你干涉得起的。又，正因為你懂他，所以你不容易被他騙。

不論好人壞人，被接納的人，將會停止攻擊。其實就是這樣而已。人們聊起自己的惡劣，總是難以啟齒，但要知道，若你真正接納了自己，你就接納了千千萬萬的人，那是莫大的慈悲。

66

我們常想要透過搞定別人來讓自己好過，但事實上，若搞
不定自己，就別想搞定任何人。所以關鍵一向都在我們自
己手裡，那些使我們受罪的，都在我們之內而非之外。

99

無價值感發作時

最近迪士尼樂園裡最受歡迎的角色不是可愛的卡通人物，也不是公主，而是壞皇后，白雪公主裡的壞皇后。

網路上流傳著好幾支壞皇后的影片，都是遊客進入迪士尼樂園之後，特地去找壞皇后錄下來的。美豔的壞皇后一開口便句句金句，我尤其崇拜她挑眉的功力，怎可如此會挑眉，超好笑！壞皇后連珠砲的話語最大的重點就是：我真是太美了。

哈哈哈哈……

全世界都不得忤逆壞皇后，尤其不可在她面前說白雪公

主的好話。有個遊客對壞皇后秀出白雪公主的簽名，她翻了個白眼說：「根本是鬼畫符。大概是天天為我洗衣煮飯，沒時間練寫字吧。」

壞皇后不僅羞辱白雪公主，她羞辱遊客也沒在客氣的，拿著鏡子照半天，狂讚自己美貌的同時不忘對身邊的遊客說：「鏡子裡的我完美無瑕，我很想讓你看看，但這會破壞鏡中的美感。」

一位年長的女人帶著女兒去找壞皇后合影，女兒很識相地馬上對壞皇后行禮，行禮過後便拉著媽媽要跟壞皇后合影，沒想到壞皇后竟然對著媽媽說：「這位媽媽，妳的鞠躬呢？別找藉口，看到皇后就要行禮。」連老人家都不放過。媽媽有點驚恐地向壞皇后行禮，看完媽媽行禮，壞皇后轉頭對女兒說：「比妳的好多了。」合影時，媽媽不小心碰到她，她立刻以驚人比例的眼白怒視對方：「妳碰到我了。」如此高傲、苛薄，堪稱經典。

我最愛的橋段是：壞皇后實在懶得繼續跟遊客周旋，便走向城堡打算休息，進去前來了個華麗的轉圈，絲絨斗篷隨著她的身影飄起又飄落，接著她對錄下這支影片的遊客說：「你只配看這麼多。」便優雅走入城堡之中。

　　這幕讓我笑到差點哭出來，我的老天，壞皇后真是太療癒我內在的無價值感了。

　　每個人內在都有無價值感，只是有沒有意識到它的存在，以及意識到它的存在之後有沒有能力處理罷了。無價值感在任何層面、任何時候都有可能發作，只要一發作，我們就會覺得自己很爛、很遜、再怎麼努力都不夠好、不配被愛。為了紓解這種感覺，我們會做很多奇怪的事，比較輕微的是去討好我們在乎的人，透過被認同與肯定，把價值感填補回來，比較嚴重的方式就是傷害自己。

　　所以啦，想也知道我們最容易看到自己內在無價值感的時刻，就是被否定的時刻。有時候否定我們的人根本就很遜，他或她根本一點都不重要，我們仍會因為被對方否定而受傷，一方面覺得很荒謬，但另一方面又無法克制自己難過。

　　比如以前教鋼琴的時候，學生說我彈不好，令我的自信心受到打擊，問題是，說我彈不好的學生才八歲，而且才初學三堂課！哇哈哈哈哈哈！好歹我從幼稚園到大學一路都是專業訓練上來，還出國留學，我大可以跟他說：「你懂個屁啊。」

　　當然，基於禮貌以及對兒童的慈悲心我沒有這麼做，但重點根本不在於他懂不懂，而是我怎麼會因為一個外行人無心的一句話就自我攻擊，我到底有什麼病！以我的歷練、專業能力以及年紀，我應當可以笑笑就過，又或許我可以認真跟這個只上過三堂課的八歲小孩聊一下為什麼他覺得我彈不好。他有他的理由，只要我能保持平常心，任何理由肯定都值得一聽，聽完他的理由，不僅他會覺得自己很受尊重，我也會有所學習。但以上都是理想狀況的屁話，事實是他說我彈不好，我馬上受創，我的心不平靜！

　　為什麼會這樣呢？十之八九是我內在有個受創的自己，比這個八歲小孩還要小，所以八歲小孩才有辦法傷到我。他說我彈不好的那個當下，我瞬間回春。

　　在我們還很天真無邪的時候，有人說我們很棒我們會相信，有人說我們很爛我們也會相信，若負面評價比較多，心門就會漸漸關起來，心門關起來之後，我們就會變得表面上好像很冷靜、不容易受傷，其實暗潮洶湧，常覺得自己很爛、很遜、再怎麼努力都不夠好、不配被愛……無價值感深重。

　　若我們在原生家庭中無價值，在愛情裡往往也會無價值。

先不提原生家庭該如何解，在愛情裡無價值感發作，就是深怕自己沒有提供服務，對方便會不愛我。提供服務的方式有很多，比如解決對方的問題、幫對方打掃、滿足對方的需求、拯救對方、幫對方買單、幫對方還債……多的是。這些事不是不能做，但要看意圖，如果怕自己不做對方會生氣、會分手，那就是無價值感發作。幫對方買單、還債、打掃，都可以出於無條件付出而不是拯救，但說真的能做到無條件付出的人兩萬個也沒一個，一般人千萬不要有這種幻覺，誤認自己的犧牲是自願付出。

無價值感在愛情裡發作會讓我們變成工具人，工具人是不分男女的。把別人當工具固然惡劣，但工具人本身也要醒覺，我為何允許別人這樣對待我？想想自己好手好腳、堂堂正正長大成人，這幾十年當中我是有欠你什麼嗎？沒有。你是有生我養我嗎？沒有啊。那我幹嘛要被你這樣對待？神經病。你要造孽是你家的事，我沒想跟你演這齣爛戲，拍拍屁股走人吧，有必要的話可以留下一聲「X」。

無價值感就是這樣，會讓我們卑微。不管在哪、遇到什麼人都期待得到對方的肯定，希望對方喜歡我，但本來就不可能每個人都喜歡我，所以一被討厭就感到挫折，常常心碎，

心碎的結果不是越來越卑微，就是抽離。無價值感也會讓我們屈就，比如我們提供專業的意見給別人，應當收取合理的費用，卻怕對方覺得貴、怕對方覺得自己不值得那個價位，就自己砍價甚至免費；又或者在各種關係裡都上演委曲求全的戲碼。

　　針對各種無價值感發作的情境，有一句話我覺得比「我很棒」還要好用，那就是──「我很重要」。

　　「我很重要，所以我沒有要被無聊的人耽擱。」

　　「你以為你是誰啊，你的評論對我來說一點都不重要，你阻礙不了我的。」

　　「我這麼重要，怎麼可以被這種爛事搞倒？當然不可以，我無論如何都要過關。」

　　「我很重要，我不想浪費時間在對我沒有愛的人身上，不愛我就滾吧。」

　　「我很重要，所以我的每一分每一秒都要用在值得的人事物之上。」

　　如果我們真的打從心底覺得自己很重要，就不會允許自己讓人剝削跟欺壓，更不會輕易讓任何人事物傷到我們。

　　看看自己在各種關係裡的無價值：莫名其妙地討好、別人一擺臉色就覺得自己很糟糕、明明是人類卻一天到晚做牛做馬……，再想想壞皇后那種「我乃宇宙間最尊貴最美之人」的姿態，不覺得實在太療癒了嗎？

　　「你只配看這麼多」，說完轉身就走，哇哈哈我真是愛死了這句。壞皇后受到多少人的喜愛，就表示有多少人的無價值感透過她的金口得到釋放。聽她講話真是爽！

　　聽完壞皇后大放厥詞，我們也可以創造自己的版本：「我很重要，我的存在就是一種貢獻，我的使命是來分享美好給世人的，爛人爛事爛貨都給我滾。我無視你、我忽略你、我大到可以從你身上跨過去。沒有人可以阻礙我，因為我很重要，老天會給我力量完成所有我想要做的事。」

掠奪

最近在挖掘內在深處的掠奪，很有感。何謂掠奪呢？「不是你的，你硬搶過來。」這就是掠奪。

我以前會掠奪焦點。掠奪焦點是什麼樣的狀況？

比如 W 在分享自己對法國作曲家的研究與觀察，其他人聽得很入迷，覺得他好酷喔、好厲害喔，我在一旁聽著看著，也很想要被大家覺得好酷、好厲害，就會插嘴說我在巴黎念過古典音樂喔，拉威爾早期的作品怎樣怎樣……。原本大家的焦點都在 W 身上，現在都轉到我身上來了，而原本大家都覺得 W 很厲害、很酷，我插嘴之後 W 就被我比下去了。

這種行為要說大惡是稱不上，但滿惹人厭的，會幹這種事的人，人際關係好不到哪裡去。

　　不是不能討論與分享自己的故事，而是要看意圖。大家聽 W 分享故事聽得很入迷，我幹嘛插嘴？我打斷 W 講自己的見解，能夠讓對話更流暢嗎？能夠炒熱氣氛嗎？都不能，那我幹嘛要講？不就是為了滿足我自己嗎？事實就是如此，我想要讓別人覺得我很棒，順便把原本打在 W 身上的聚光燈搶過來。

　　有智慧的插嘴會讓整個對話更活絡，這種插嘴不僅一點都不會令人不舒服，被打斷的人還會很感恩。因為這種插嘴不是為了搶聚光燈，而只是想搏君一笑，這種插嘴是一份愛、一份貢獻，不像我發言只是為了展現自己。

　　幹嘛做這種不討喜的事呢？我也是身不由己啊。因為那個當下，渺小自卑的感覺淹沒了我，讓我在看見別人被認同的時候，根本來不及咀嚼自己的焦慮，就已經開口插嘴了。我的行為就像在大喊「拜託注意我」。這麼需要被注意、被認同，是因為我害怕那些比我好的人會搶走屬於我的愛，匱乏的心態讓我給不出誠心的祝福與掌聲，真可憐。其實我不只用插嘴來掠奪焦點，還會用其他的手段，比如看到別人針對時事發表了很棒的觀點，得到了一千個讚，我就想寫出比

他更精闢的觀點,把他的觀眾搶過來,最好加碼變成兩千個讚,諸如此類⋯⋯。

現在看見自己的惡劣感到很糗,過去一天到晚幹這種事卻渾然無所覺,病識感真的好重要啊(嗚嗚)。

掠奪焦點的症頭我並未完全治癒,不過已減緩許多,偶爾發作時仍會讓我想去搶別人的聚光燈,但現在的我已有能力覺察自己的壞心,就懂得在造孽之前踩煞車。

現在,跟朋友聚會時焦點不在我身上,我也可以很自在,一點都不會緊張;在團體中若只是擔任一個不重要的小角色,也不像過去那樣感到不平衡與焦慮。並非我從此不需要當焦點,沒有這回事,每個人都需要掌聲,而是現在的我已有能力創造自己的舞台,不需要去別人的場子掠奪。

談到掠奪,其實範圍很廣,掠奪焦點、掠奪錢財、掠奪土地、掠奪資源、掠奪別人的伴侶、掠奪別人的身體、掠奪別人的創意⋯⋯,不勝枚舉。

掠奪就是想要贏、想要搶別人的東西,認為別人的東西「應該」要給你用。強勢的掠奪是把東西直接搶過來,隱藏的掠奪是假裝付出,實際上利用表面的付出來掠奪,當你

為了自己的好處去強取某個東西，並認為「我就是應該要得到」，那就是掠奪。

掠奪是一種造孽。如果你看到眼前的好東西會有擔憂，深怕不趕快搶過來以後就遇不到這麼好的，就是太小看老天了。老天自有明智的安排，你想要的東西只是還沒到來，不代表不會到來，急什麼急呢？因為等不及而造孽，不值得。除了小看老天，也小看了自己，一個人若相信自己的創造力，怎麼會去搶呢？

當你從別人那裡搶走某樣東西，無論表面上你給自己多麼合理的理由，但實際上是因為你覺得自己非常無能，沒有本事創造自己想要的東西，才會去搶別人的。

掠奪是來自於心碎，無論是誰讓我們心碎，一旦我們選擇了掠奪，用這份心碎讓更多人心碎，便註定活在匱乏之中。老是搶別人的東西，誰會真心與我們往來？不可能。我們沒朋友也沒人愛，最後匱乏到身邊只剩下自己搶來的東西。

親愛的，請覺察自己的掠奪，很清醒地覺察它。每一次當我們看到別人手中有我們想要的東西，在那羨慕嫉妒恨的情緒襲上心頭之時，記得唸唸這句咒語：「不屬於我的，我無須強取掠奪，因為我有能力創造屬於我自己的美好。」

給
你
一
把
刀

　　緊抓創傷是人的天性，因為那可以讓我們免於二次受創。
就像我上禮拜買了一雙新鞋，是我的標準款：低於兩公分的
全平底、芭蕾款、前端有一叢細繩結起的經典小蝴蝶結、鞋
身修長、紅色系。這次我買的是暗紅色，找到這少見的暗紅
色我好開心！而那天原本穿的鞋子恰巧走到一半壞了，顯然
是命中註定相遇，結帳後穿上它，我不僅雀躍，還有種天降
甘霖的感覺。踏上新的小紅鞋，我走路像跳舞、心情如春天，
彷彿我經過的地方都會開花似的。我隔天穿它出門工作，第
三天也穿去朋友家玩，而就在向朋友說掰掰並關上大門時，

鞋子瞬間被門底的金屬尖角刮出一條又粗又寬的裂線。

　　那之後到現在，已經一個多月了我都沒有真正走出來，很少人能夠懂這種心碎。之後只要穿著小紅鞋開關門，我都會不自覺地後退，因為害怕它又被門刮傷。以我對自己的了解，估計還要大約兩到三個月的時間，我才能自在地開關門而不擔心傷到心愛的小紅鞋。而大概得花上半年的時間才能夠看著鞋面的裂線，一笑置之。至於忘記這件事幾乎是不可能的，即使不再感覺傷心，但我極有可能在六十歲時跟朋友聊到相近的話題，仍會憶起這件事，然後笑說自己曾經買過一雙新鞋，才穿第三天就刮壞。

　　我們很習慣把創傷看得很大，甚至比我們自己還要大，大到時時刻刻都受它威脅。因為「保持警戒才能安全度日」，這是原始的生存本能。我們擁有善用這個本能的權力與才智，但我們卻大多時候都被這個本能操控，甚至讓一雙鞋子都足以造成心理陰影。它是鞋子，不是老虎獅子啊，快醒醒！

　　三不五時看見自己緊抓創傷的瘋狂，我總忍不住要笑笑。若是身邊的朋友跟我一樣，對一個已經不足以影響生活的創傷緊抓不放，我大多會針對他的受害故事回以一些不正經的

話，逗他笑。倘若天時地利人和全都到位，他會發現無須去計較那十年前曾經跌入的糞坑，畢竟腳也不臭了，鞋子也丟了，事情都過了，又何苦讓一坨笨屎障礙自己？

但有時沒有辦法這樣笑笑過。某些傷痛太深、太狠，是真的遠遠超出承受範圍的毀滅性創傷。然而受創當下的自己還沒有力量反抗，更沒有能力處理，一個轉眼十年、二十年、三十年過去，人生已被侵蝕得千瘡百孔，而那底層的憤恨還繼續在啃噬自己。這種時候我會遞給受傷的人一把刀。

這麼多年來，無論你的身體長到多大，你的心都停留在受害的當下，所以你沒有辦法面對那個人，你覺得他仍然傷得了你。一想到他就痛不欲生，然後你就想要去死，但為什麼是你去死而不是他？怎麼可以？你需要一把刀。

殺人是違法的，所以我們不該真的去殺人。但你可以在你的想像中殺他千百回，這會讓你從一個卑微且無力反抗的位置，跳到反敗為勝的位置。在意識中殺他，在他孱弱、無能、與死亡只有一步之差的時候補幾刀。扎扎實實殺上千百回，下一次遇見他的時候，你就會有勇氣看著他甚至鄙視他，而不再需要逃走或躲藏。且不可思議地，你也不會像之前那麼憤怒，因為你已經贏過千百回，每一次的殺、每一次的贏

都在為你迎回力量。

「我已經不計較了。」這句話十之八九是幻覺。一個人要能夠寬恕另一個人，必須是沒有隱忍的。那種情況大概是你已經美好、豐盛到對方完全障礙不了你的程度，而你幾乎忘了他，他幾乎消失在你的人生時，寬恕會自然發生。然而只要你面對那個人還有一點受害，真正的寬恕就不存在。

我很接納自己的不寬恕，所以我有很多刀。我知道最終的目標都是寬恕，因為我想要自由，但我同時也很清楚在寬恕之前，還有很多事必須做。說來矛盾但真理就是如此，寬恕在後、憤恨在前，要去後頭，就得從眼前的憤恨穿過去。所以沒有這些刀，我走不到寬恕。

如果此刻當下你辦不到放下，就要誠實以對，去戰鬥。沒有力量戰鬥，就把自己鍛鍊到足以戰鬥，而且要戰贏。你想仰賴誰幫你戰鬥？沒有人，也不要讓出這個權力，只有你可以為你自己贏回人生。

所以，對於不敢戰或者不相信自己有能力戰的人，我會給他一把刀，然後說：「**不要輕放傷害你的人，給他機會償還，是你的慈悲。**」

罵人之必要

　　世道教我們要彬彬有禮，寬恕他人，但在教我們認識自己的憤怒之前就教彬彬有禮與寬恕，就跟不讓我們談戀愛卻要我們直接結婚生子還必須幸福一樣苛刻。有些小孩被嘲笑笨，大人教他：「人家笑你笨，你就說對啊我真的很笨，附和他，笑笑就沒事啦。」這個方法很好，無論大人或小孩，以平常心去應對迎面而來的羞辱，都是最完美的解套，然而現實卻沒這麼簡單。

　　倘若有人當著你的面說：「趄羚羊，你長得真噁心，你媽生到你這賠錢貨真是上輩子造孽這輩子還債。」而你的朋

友叫你面帶微笑回應對方：「對啊我也覺得我媽運氣不太好，謝謝你的指教，我會繼續努力。」這標準是不是有點過高？我們理智上都知道最好不要隨之起舞，但當有人羞辱你，你的真的可以這麼淡定嗎？你的內在和平有這麼穩定嗎？恐怕沒有。

對被欺負的人來說，事發當下通常連逃跑的勇氣都沒有，哪來的餘力生出智慧之言，更不要說微笑，沒哭就不錯了。沒有力量面對、沒有力量反擊、沒有力量轉化自己的情緒，無論別人罵什麼都會收下，並且跟著自我否定、畏縮、受害……，這才是被欺負者的現實，他 Hold 不住自己也 Hold 不住別人，而越是這樣別人越想欺負他。

要做到對迎面而來的羞辱與欺負如如不動，必須對自己非常接納。未經幾番鍛鍊，誰能空降到那個用微笑就擺平天下的位置？佛陀跟耶穌也有他們的歷程，絕非一蹴可幾。「不戰而勝才是最高境界」此話為真理，正因如此我們要先「真」才會有「理」，真實地面對自己的情緒，才能理性地駕馭情緒，吞忍壓抑不是真，是逃避與懦弱。面對欺負，我們要真實回應自己，也真實回應對方，所以我們要學罵人。

　　罵人可以鍛鍊不退縮的勇氣，意圖擺正、不落井下石、不過分追打，踩穩立場，讓對方知難而退。罵人的技巧很重要，但學校沒有教，大家要自立自強自主學習，好孩子更要學。

　　我幼兒時期的綽號是小辣椒，但長大之後社會化十分成功，漸漸忘卻罵人的美妙，尤其談戀愛是我的死穴，罵路人我不打結的，但罵戀人就嘴虛加腳軟，因為我在愛情裡犧牲情結特別嚴重，不管誰對誰錯，我腦子裡永遠都有個聲音說是我的錯，接著便叫我忍讓與成全。這種奇怪的症狀導致我在談了第一場戀愛之後便罵人功力盡失，感恩老天的厚愛，透過婚姻，我又重拾這項能力。

　　雖然曾經迷惘，但我本質一直都是有力量的，不管長多大，我都是那個兩歲多第一天上幼稚園就因為有人摸我的臉而甩他一巴掌的小辣椒。這件事可以從我身邊的朋友取得驗證，不是有個成語「物與類聚」嗎？即使在我被愛情削得半點銳氣都沒有的時候，身邊依然充斥著很兇很會罵人的朋友，他們反映了我內在不死的罵人魂哪。朋友們個個都比我厲害，罵人的天賦才華不是蓋的，氣勢夠、音量足、不會間斷、不

用換氣還可以押韻，最厲害的是超越語言隔閡。

　　這個超越語言的故事是關於朋友 Y，她個子比我還小，但罵起人來頂天立地，我超愛看她罵人（不要罵我就好）。有次她來法國玩，被法國人欺負了，當時半句法語都不會說的她可一點兒也沒打算嚥下這口氣。欺負她的是一個貪婪、白髮蒼蒼的老修女，竟然因為浴室的地板有水珠而不退還她住宿的押金。局勢對我方不利，對方聲稱聽不懂英文，我方半句法語都不會，除此之外，對方又老又是修女，多少會讓人基於道德因素卻步。修女是人但修女侍奉神，所以罵修女就像在罵神周圍的人，感覺會連神一起得罪，再加上她白髮蒼蒼，跟她講話稍微大聲點就像在欺負她似的，要罵她得先擺脫一些包袱，不算容易。

　　但誰叫她欺負人呢？我朋友向來不是那種甘受委屈的弱女子，即便半句法語都不會、即便眼前是個侍奉神的老修女，她依然舉起了神聖的食指，深吸一口氣之後整整花了不知道幾分鐘指著老修女的鼻子狠狠臭罵一頓，每一句話都是 Fxxking 開頭 Fxxking 結尾，不要跟我說妳不懂英文，Fxxking 妳一定聽過！就這樣，一場震懾人心的破口大罵之後，我朋友順利拿回了她的錢。

　　這故事多麼振奮人心，無論事隔多久，每一次想起仍忍不住大笑，且大笑之後全身能量飽滿，彷彿上完一堂優質的身心靈課程。受欺負當然不要吞忍啊，然而不想吞忍就得培養戰力。所謂的戰力還包含情勢評估，這很重要，甚至可以說最重要。開戰前必須先判斷敵我實力，若對方比自己強太多，請默念君子報仇十年不晚，右手抓左手，忍住不出手，免得送死。除此之外，若遇上明顯暴力傾向、疏離、冷血、對動物施虐、價值觀扭曲的人，戰都不要戰，請拔腿就跑，他們的內在創傷極深，不是你罵幾句就可以解決的，大咖請交給專業的來。

　　一個國家要有國防部，一個人也要有樂樂、憂憂、厭厭跟怒怒（迪士尼卡通《腦筋急轉彎》的角色），我們要對自己的戰力一清二楚，才是負責任的表現。戰鬥的原則是非必要不戰，所以沒事不要找事戰，但既然要戰就要贏。

　　很多人在關係中卑微得不像話，受盡委屈卻連罵一聲 X 的勇氣都沒有，怎麼會這樣呢？學會罵人很重要，為此，我獻上一些罵人參考例句，為了完善這篇文章，我甚至在自己的臉書粉絲專頁與個人帳號強力徵求罵人例句。

　　以下是最後收錄的二十句精華罵人例句，背景大多以親密關係為主，因為親密關係最能激發彼此黑暗面，此外，親密關係比親子關係更接近平等，所以罵起來比較沒有罪惡感。有些句子附上情境以便正確運用，有些沒附上情境則可自由發揮。再次叮嚀，罵人不是為了羞辱與傷害對方，而是要幫自己立起一道保護牆，讓對方知難而退。在這個前提之下，請務必多多練習唇槍舌戰，切勿在任何情境中過度吞忍退讓。媽媽生下我不是來給人欺負的，臉上寫著「我不好惹」在某些時刻就等於愛自己，但非戰鬥時還是要記得微笑給自己積些陰德。無論如何，永遠都要記住投胎為人的使命，就是把自己活好、活得漂亮、活得有力量。

1. 首發奉上心靈導師的金句。
「我愛你，你愛我，OK。我愛你，你不愛我，你以為你是誰啊，踹到大西洋去。」

2. 對方只想搞曖昧，不願意在一起。
「很好，那你就只配跟我搞曖昧。」講完要轉身就走，用聊天軟體的話要立刻封鎖。

3. 喜歡對方的時候他不珍惜，不想理他之後他卻要吃回頭草。

「你這人怎麼這麼奇怪，新鮮的愛你不要，過期才要，幹嘛把自己當回收桶？」

4. 告白時，對方說我不夠 ___（不夠漂亮、不夠有錢、家庭不夠美滿是單親……等等不符合他的標準），所以他不能跟我在一起。

「你不夠有眼光，所以你也不能跟我在一起。」

5. 對方總是高高在上。

「如果你要演聖人，那你的世界會只剩下你一個人。」

6. 對於超愛下指導棋偏偏自己也沒多好的人。

「你不要一直給我意見，我怕我用你的方法會變得跟你一樣討人厭。」

7.「我的世界只容得下愛我的人，不好意思，你被驅逐出境了。」

8.「你媽是你的媽媽，不是我的，也不是我！」

9.「我媽說你配不上我。」
「你他媽不配擁有我。」

10.「我媽說你配不上我。」
「那你媽叫你去吃屎，你是不是要趕快吃？」

11.「都分手了還每個月密我，你是月經嗎？」

12.「我的生命很珍貴，輪不到你浪費我的時間。」

13.「你都長得這麼失控了，憑什麼控制我？」

14.「你當我賤婢，那你也得是賤奴才會跟我在一起。」

15.「你搞不定我，也搞不起我，去搞別人吧。」

16.「讓你造口業，是我的慈悲。」

17.「你能給我人生最大的貢獻，就是給我閉嘴。」

18.「你很帥、你很漂亮、你有才華、你有事業、你很有錢……，但你沒有愛我，就是一點屁用都沒有。」

19.「你不配讓我憤怒。」

20. 最後獻上我最鍾愛同時也是最通用的一句，請拿出你的優雅與銳利，堅定地說：
「我配得全心全意的愛，你給不起，就給我滾！」

懺悔與感恩

　　我很喜歡「懺悔」跟「感恩」這兩個詞。

　　日常生活中我們比較常用道歉跟道謝，而不是懺悔與感恩，但它們之間是有差別的，不論是字面的力道、實際的作為都很不一樣。

　　先聊聊道謝與感恩。說聲謝謝大部分的人都辦得到，但感恩卻是另一個層次的事，很少人能做到。

　　什麼是道謝呢？道謝就是有一個人每天都給你一顆蘋果，你每天都跟他說謝謝。你覺得有蘋果吃真好，每天都很開心地去那個人拿一顆蘋果，直到有一天你不想要蘋果為止。

　　什麼是感恩呢？感恩就是有一個人每天都給你一顆蘋果，你每天都跟他說謝謝。你覺得有蘋果吃真好，你很感恩他願意給你這顆蘋果，而且是每天、每天、每天，沒有一天不願意。無論晴雨他都在，無論你要或不要他都願意給，就這樣每天都給你一顆蘋果，多麼不容易。

　　你很感恩他對你的給予，也感恩世上有蘋果這麼好吃的東西，除此之外，你還感恩自己有這福氣，每天都能得到一顆蘋果。

　　直到有一天你不再需要別人每天給你蘋果，因為你擁有了自己的蘋果樹，你已擁有豐盛。你帶著滿滿的蘋果去送給那個曾經給你蘋果的人。他說他有自己的蘋果樹，並不需要更多蘋果，然後你回到你的家園繼續收成蘋果，並且每天將蘋果送給需要的人。

　　看出不同了嗎？道謝僅止於你自己的享用，而感恩是除了享用之外，真正看見擁有之物的珍貴。感恩涵括了感動、感念而且深具感染力，一個人一旦發自內心地感恩，便無法不回饋。

　　那麼道歉跟懺悔有什麼不同？

　　道歉是表達對不起。懺悔是承認自己的惡劣、直視自己造成的傷亡，無論能否被原諒都願意做出補償。

　　咪哈常偷偷欺負多嘿，沒被抓包算賺到，被抓包就趕快說聲對不起，但下次沒人看到時她一定還會欺負多嘿。這就是道歉。

　　殺人犯在服刑結束之後決定重新做人，但沒人願意給他機會，到哪兒都被吐口水唾棄，所有困難與折磨他甘願領受，沒有任何怨言繼續努力扭轉，雖然到死都沒獲得受害者家屬的原諒，但喪禮上來了近百個在他餘生受他恩惠的人。這叫懺悔。

　　若一個人常常在道歉，無論看起來多誠懇，實際上內在都沒有要負責任的意思，因為他並未修正自己，道歉只是獲得原諒的狡猾手段。另外有一種常見的情形是傷害了別人並道歉之後，就認為別人應該要原諒他，若別人不原諒他，則換他指控對方傷害，這同樣是嘴巴道歉，內心沒懺悔。

　　比如某人騙了同事的錢，被揭發之後向同事道歉，並公開承諾自己會重新做人、不再騙錢，但過一陣子又有關於騙錢的事傳出，這次不是他，但同事卻懷疑他，於是他哇哇大哭喊冤，說大家貼他標籤、不給他機會重新做人，上演受害

者劇碼哭爹喊娘。

騙別人的錢，本來就不是還錢即了事，別人是信任你才會被你騙，在你輕視別人的信任時，已註定毀滅自己的名聲。如果你沒有意識到你已經失去他人對你的信任，在別人懷疑你的人格時還好意思喊冤，就表示你根本不認為自己的行為很惡劣。既然如此，你當然很可能再犯。而你當初的道歉或者是未來的道歉，都只是希望別人原諒你，藉此減輕罪惡感，實際上並沒有懺悔。

道歉可以緩解衝突，讓人更快地處理掉眼前的麻煩，但懺悔才會帶來真正的改變。若真心懺悔，便會甘願付該付的代價、請求原諒（即使得不到）、做出修正，並且做出補償，這份補償不是針對被傷害的對象，而是更大的整體，就像前面舉例提到的殺人犯，他無法償還家屬，於是償還社會。

道歉、道謝能夠滋潤人與人之間的連結，在許多關鍵時刻足以化險為夷，對文明人類來說，是非常好用的生存工具，但僅止於禮貌的層次，它們沒辦法使你認清自己，也不會敦促你成長。但懺悔與感恩可以，若你懺悔，便能脫胎換骨；若你感恩，便能貢獻。

願望為什麼沒成真

　　我在這麼多場的《親愛的女生》讀書會中，設定了其中幾場的主題為「開路」，讓讀者們彼此分享自己的願景並討論如何達成願景。討論當中我們很容易就發現：大多時候即使做了實際上的努力，願景仍無法達成。

　　其實大家都心知肚明，這世界本來就不是努力一定有成果，否則每個人都可以成功。那麼到底是什麼導致我們付諸行動卻得不到結果呢？這就是我們在讀書會裡聊得欲罷不能的東西：潛藏在我們與願景之間的恐懼與陰謀。

　　比如有些人很想獲得財富，但內心深處卻對金錢有罪惡

感。罪惡感的成因非常複雜，但最常見的是他成長的過程中，一直有個概念告訴他：有錢人都很貪婪、自私、唯利是圖，為了錢不擇手段，什麼沒良心的事都幹得出來。對有錢人的投射導致他不敢擁有很多錢，因「有錢＝壞蛋，我有錢＝我壞蛋」，他怕自己有錢之後就變成自己投射的那種惡劣之人，不僅如此，他更怕別人也把他當壞蛋。

帶著這種投射會如何影響他賺錢呢？當他提供服務時，不敢跟對方要求合理的報償，因為怕對方覺得自己貪婪；他想要有賺錢的機會，卻不敢告訴別人他的需求，因為怕別人批判他愛錢。又，因為他覺得有錢不是一件好事，所以他相信有了錢之後會有很多麻煩，比如容易成為歹徒的目標，被綁架啦、被恐嚇、被勒索……，除此之外還有親友之間為了財產而起的鬥爭、遺產糾紛、金錢利益衝突、合夥做生意拆帳搞不定，諸如此類。

一個人用嘴巴立下願景說要成為有錢人，但內心裝的都是有錢人的惡劣，豈不分裂？

而當他發現自己對「有錢」這件事有這麼多恐懼時，就會退而求其次將願景改成「我賺的錢夠用就好」。但事實上就連「夠用」都讓他有罪惡感，「擁有金錢」這件事本身就

讓他有罪惡感。因為他覺得錢會讓人腐敗，他從未信任錢，所以只要手裡有錢，他就會有股無形的焦慮，不知不覺花掉或賠掉。他沒有搞清楚，貪婪的是人而不是錢，窮人也會幹壞事，任何人都會幹壞事，錢無法讓一個好人變成壞人，但錢會放大一個人的本性。

這種對金錢的各種恐懼，絕對夠他窮一輩子。就算他立下願景說要有錢，並且付諸行動卯起來賺錢，也賺不了多少，或者賺到了卻留不住，又或者賺到了、留住了，心仍無法踏實。

這類的分裂還有很多例子，比如，有些人想紅，卻害怕被關注、害怕成名之後會被攻擊；有些人想建立自己的家庭，卻害怕負責任、害怕承擔；有些人想要幸福，卻覺得自己不配、害怕得到之後會很快失去、對美好的人事物戒慎恐懼⋯⋯。我們立下願景，卻自己障礙自己，每一步都沈重得像揹著大山在前進，怎麼可能到得了？就算到了也沒力氣享受。

所以我們不僅要立下願景，還要修正信念。如果你覺得自己做了很多努力卻依舊搞砸，願景無法實現，就要去看看自己內在裝了什麼恐懼與陰謀，讓我們沒有辦法抵達願景。

　　最後，我們要回到一個最基礎的層次，立下願景就像種下一顆種子，種子是爛的，長出來的樹就是爛的，或者根本長不出來。有鑒於此，許願的根基一定要誠實。願景可大可小，受惠者可以只有自己，也可以是全世界，但無論如何都要誠實。我們大多時候難以察覺自己不誠實，但巴觀說過一個小故事，就將這種不誠實赤裸裸地呈現出來，非常好笑也非常惱人！故事是這樣的：

　　一位外科醫師在一個艱難且危急的手術時乞求神的協助。

　　「神啊，請幫助我，這個人快死了！」他並沒有得到神的幫助。

　　「神啊，病患的妻子將成為寡婦，孩子會沒有父親，所以幫幫忙吧！」神仍然沒有回應。

　　外科醫生想起了所有的教導，教導說要真實，於是他說：「神啊！如果這個人死了，我的名譽就毀了，我擔心我的名譽，所以請你幫助我！」當他變得真實時，神就回應了，病患生還了。（本故事出自於《覺醒時刻》）

　　看完這個故事時，我大笑不已，我頓時明白為什麼我許

過的很多願望沒有成真，因為那些願望太虛偽噁心。我們常以為面對神要完美，但其實不是，面對神要真實。有時候我們許願會胡說八道，以為自己講得一口大愛才有機會被神青睞，若毫不修飾許一個利己的願望，恐怕沒有資格美夢成真。

事實上，**對神來說，每個人都有資格美夢成真**。在給予之前先審核對方夠不夠好，再決定要不要施惠於他的，是人，不是神。人才會覺得自己不夠好，所以人的付出總是有條件的。想想覺得超好笑，當我們許下那些虛偽的願望時，到底在想什麼？怎麼會傻到覺得可以騙得過神呢？但再想想，其實我們並非有意欺騙誰，而只是一直以來都把做好事、當好人看得比真實還要重要，而不知不覺中早已迷失自我，就連許願都要許個好人的願望，中毒不淺。

真實才有力量，許願也是一樣啊，不要假惺惺胡說八道，神懶得鳥你。請誠實立下願景、沿途修正信念、全力以赴前進，祝福大家美夢成真。

愛自己

「愛自己」有很多層次。

　　我最早意識到愛自己這件事，是苦於工作與生活的平衡沒抓好，搞得自己睡眠不足、疲勞、皮膚變差、人變醜，每天照鏡子看到自己一副鳥樣，心情實在很糟，便決定暫且放下工作去做些寵愛自己、讓自己可以放鬆的事，比如按摩、買自己喜歡的東西、吃些會讓自己感覺幸福的食物……，讓自己過得舒服些，確實會覺得愛到了自己，有把自己照顧好。

　　我想要再更進一步地愛自己，是起於關係中的委屈。在愛情裡我任人宰割，在生活中我脾氣不好，關係中充滿各種委屈。

　　講到脾氣不好，以前的我說實在滿沒用的，雖然長得兇、氣焰囂張，但內力空空如也，隨便什麼小事就可以激怒我，一點力量也沒有。很多人認為脾氣大就是有力量，在我看來剛好相反，一天到晚發脾氣表示控制不了自己的情緒，這就是沒力量。況且脾氣發出去就會有人受傷，關係破裂還得去修補，破壞、修補、破壞、修補……，整天搞這些，哪來的時間好好經營人生？並非不能發脾氣，而是不要放縱情緒。若有人欺負你而你還沒辦法不受傷，那當然要反擊、要有能力嚇阻對方。脾氣不好指的是看這也不爽，看那也不爽，肚子裡有很多伺機而動的火球，抓到機會就發射出去，管不住自己、放縱情緒。

　　我以前就是這樣，搞不定自己的情緒又愛投射別人，想當然耳關係不是太好。我的委屈來自於常常覺得沒有人懂我，但我沒想過的是，我根本沒有愛別人，別人為什麼要懂我呢？我給出去的態度讓別人不舒服，別人根本連靠近我都不想，更不要說懂我。又不是全世界都是我爸我媽或德蕾莎修女，我憑什麼要人家懂我、愛我、讓我舒服？

　　為了讓自己不再委屈、快樂一點，我去看書、上課，去搞清楚自己為什麼在愛情裡有無價值感、為什麼對人對事有

那麼多批判。透過學習，我越來越接納自己，也因此越來越能夠與自己和平共處。內在有了和平，外在世界當然就和平多了，我的愛情不再戲劇化，在愛情裡也不像以前那麼卑微。我的脾氣也收斂許多，不會看很多人事物都不順眼，大部分的時間都滿愉悅的。

　　這種感覺很好，我覺得自己被自己深深地愛到了，我不僅能夠照顧自己，還能夠陪伴自己、保護自己、疼惜自己。我獨處時非常自在，也很會自己找樂子，所以別人跟我在一起都會自在開心，我的人際關係比以前好至少兩百倍。

　　漸漸地，我對於愛自己又有更進一步的渴望。我覺得跟當了媽媽有很大的關係。

　　過去的我很依賴。什麼是依賴呢？就是沒有人愛我，我就不要前進。爸媽給我的愛不夠、命運給我的條件不好、伴侶給我的照顧太少，我就停滯、耍賴，不想成功。

　　但生了兩個小孩之後，我意識到人生真的滿短的，不消幾十年我就會火化成一坯土，一想到這兒，就捨不得浪費生命。

　　一個人要從胎兒到嬰兒，再到幼年、成年、老年直至死

亡，是多麼浩大、多麼不容易的事。意外說來就來，病痛也是，人生在世，除生死無大事。且不說生死，每個人出生時都是那麼地完美無瑕、天真無邪，然而日後長歪卻只在一念間，一個不注意，要有多歪就有多歪。你看，人活這麼一世，有多忙？顧生存也要顧質感。

所以我感觸很深，別再浪費時間了。立下願景，就要勇往直前。不要輕易讓阿貓阿狗阻擋我的道途，隨便一個誰、隨便一句話就能抓住我的焦點，搞到生活全面受影響，願景也沒實現，這樣我對自己一點愛也沒有。

親愛的正在讀這本書的你，不要再找一堆藉口不長力量，當個依賴鬼、索取鬼，總要等到準備好、等到被愛夠了才出發，蹉跎蹉跎，棺材都踏進去一半了。**沒人愛你，你還是要前進、願意前進、承諾前進，對於想要的東西，無論如何都要把它創造出來，這是對自己的愛。這才是愛自己。**

所謂愛自己，是真切地意識到自己多麼重要而生命多麼珍貴，所以一秒鐘都不願意浪費。從今而後，答應自己的事情一定做到、毫無保留展現自己的才華、找出自己活在這世上的使命並全力以赴完成它。

喝護

最親愛的自己，

純煉滴雞精，

世界品質評鑑大賞肯定，

僅獻給聰明自信的妳。

官方網站

FACEBOOK

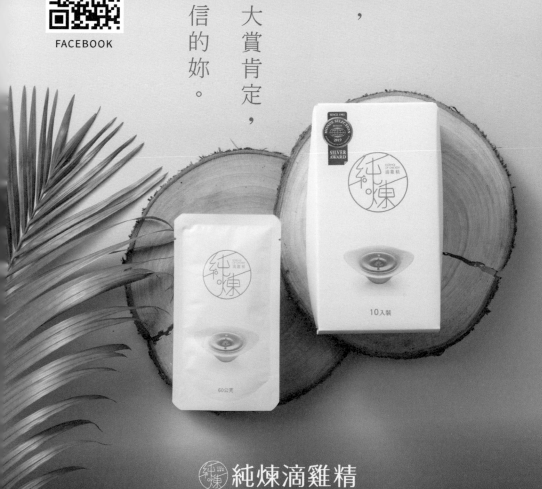

純煉滴雞精

高寶書版集團
gobooks.com.tw

新視野 New Window 197

親愛的女生 2：關係是一場現形記，不論好與不好，都將讓妳看見自己

作　　者	楊雅晴
主　　編	楊雅筑
封面設計	黃馨儀
封面攝影	江怡萱（人間貓）
排　　版	賴姵均
企　　畫	何嘉雯

發 行 人	朱凱蕾
出　　版	英屬維京群島商高寶國際有限公司台灣分公司
	Global Group Holdings, Ltd.
地　　址	台北市內湖區洲子街 88 號 3 樓
網　　址	gobooks.com.tw
電　　話	(02) 27992788
電　　郵	readers@gobooks.com.tw（讀者服務部）
	pr@gobooks.com.tw（公關諮詢部）
傳　　真	出版部　(02) 27990909　行銷部 (02) 27993088
郵政劃撥	19394552
戶　　名	英屬維京群島商高寶國際有限公司台灣分公司
發　　行	英屬維京群島商高寶國際有限公司台灣分公司
初版日期	2019 年 11 月

國家圖書館出版品預行編目（CIP）資料

親愛的女生 2：關係是一場現形記，不論好與不好，都將
讓你看見自己 / 楊雅晴作 . -- 初版 . -- 臺北市：高寶國際
出版：高寶國際發行, 2019.11
　　面；　公分 . --（新視野 197）

ISBN 978-986-361-749-5（平裝）

1. 自我實現　2. 生活指導　3. 女性

177.3　　　　　　　　　　　　　　108017081